열려라! 초등 문해력
논술의 힘

 저자의 말

읽고 쓰고 생각하며 한 걸음씩 나아가는 문해력, 비판력, 감수성 성장의 첫걸음

우리나라 독서 인구의 비율은 해마다 낮아지고 있습니다. 동영상을 비롯한 다양한 미디어에 익숙해진 사람들이 좀처럼 활자를 읽으려 하지 않고, 숏폼 같은 편리한 영상으로 지식과 재미를 얻으려 하기 때문입니다.

학업과 일에 지친 현대인들에게 원하는 정보만 빠르고 편리하게 제공하는 영상 미디어에는 장점이 많습니다. 하지만 책에는 영상을 통해 얻을 수 없는 또 다른 가치가 있습니다.

독해력은 모든 공부의 밑바탕이 되며 꾸준한 읽기를 통해 향상시킬 수 있습니다. 단순한 독해력을 넘어 정보를 이해하고 비판하며 추론하는 능력, 즉 문해력 또한 읽기 연습을 통해 습득할 수 있습니다. 더불어 자신의 생각을 정리하는 작문 연습을 함께한다면 이러한 능력은 배가될 것입니다.

이 책은 〈인문·문학〉, 〈정치·사회·문화〉, 〈인물·역사〉, 〈과학·기술〉, 〈환경·생물〉로 나누어 학교 교과와 연계된 주제를 포함한 최근 이슈가 되고 있는 51개의 주제로 지문을 구성하였습니다. 또한 교과 연계 추천 도서 51권을 선정하여 학습 내용을 심화·확장할 수 있도록 하였습니다. 초등 학년을 대상으로 하고 있으나 청소년을 비롯한 성인까지 아우를 수 있는 다양하고 폭 넓은 내용을 다루었습니다. 51개의 지문을 가볍게 훑어보는 것만으로도 시대의 흐름과 이슈를 파악할 수 있으며, 보다 나은 학습 효과를 위해서는 지문을 꼼꼼히 읽고 주어진 문제를 하나씩 풀어 나가기를 바랍니다.

독해의 가장 기본이 되는 어휘 학습은 물론, 지문 내용을

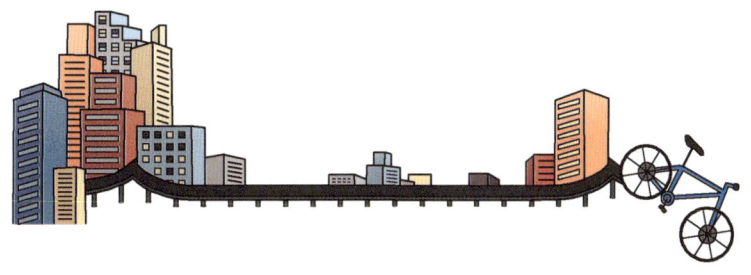

  파악하고 점검할 수 있는 객관식 문항과 문장력을 기를 수 있는 주관식 문항을 수록하였습니다. 나아가 생각을 글로 정리하는 힘을 기를 수 있도록 찬반 토론 주제를 제시하여 주장과 근거를 논리적으로 펼치며 문장력을 강화할 수 있도록 하였습니다.

  독해력과 문해력, 작문 실력은 단기간에 향상될 수 없으므로 지속적인 노력과 연습이 필요합니다. 어린이와 청소년 독자들이 자신의 눈높이에 맞는 다양한 글을 접하면서 활자에 익숙해져야 하며, 익숙함을 넘어 즐길 수 있는 습관으로 자리 잡아야 합니다. 무언가를 이루기 위한 가장 빠른 길은 올바른 길, '정도正道'를 걷는 것임을 잊지 않기를 바라며, 모쪼록 이 책이 여러분을 그 길로 인도하는 작은 나침반이 되기를 바랍니다.

• 저자 엄인정, 신영서

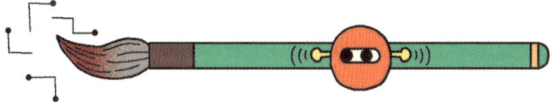

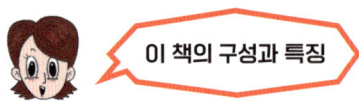

이 책의 구성과 특징

❶ 다양하고 흥미로운 주제
〈인문·문학〉, 〈정치·사회·문화〉, 〈인물·역사〉, 〈과학·기술〉, 〈환경·생물〉로 나누어 최근 이슈가 되고 있는 다양하고 흥미로운 주제로 본문을 구성했어요.

❷ 교과 연계 학습
학교 교과 연계 학습으로 내신 향상에 도움이 될 수 있어요.

❸ 핵심어 체크
본문을 읽기 전 핵심어를 확인하고 머릿속에 저장하고 읽으면 내용을 좀더 쉽게 파악할 수 있어요.

❹ 본문 읽기
초등 고학년과 중등 수준까지 아우를 수 있는 다양한 내용을 수록해 문해력과 비판력, 감수성을 높일 수 있어요.

❺ 어휘 학습
본문 이해 학습에 꼭 필요한 주요 어휘를 풀이해 내용의 이해를 도왔어요.

❻ **내용 확인 학습(객관식)**
객관식 문항을 통해 본문 내용을 다시 한번 이해하고 확인해요.

❾ **심화 학습**
단답형 주관식에서 좀더 나아가 생각을 넓히고 작문 실력을 키우는 학습을 해요.

❿ **찬반 토론 학습**
주어진 논제에 대한 자신의 생각을 정리해 주장과 근거를 제시하면서 논리력과 비판력, 작문 실력을 쌓아가요.

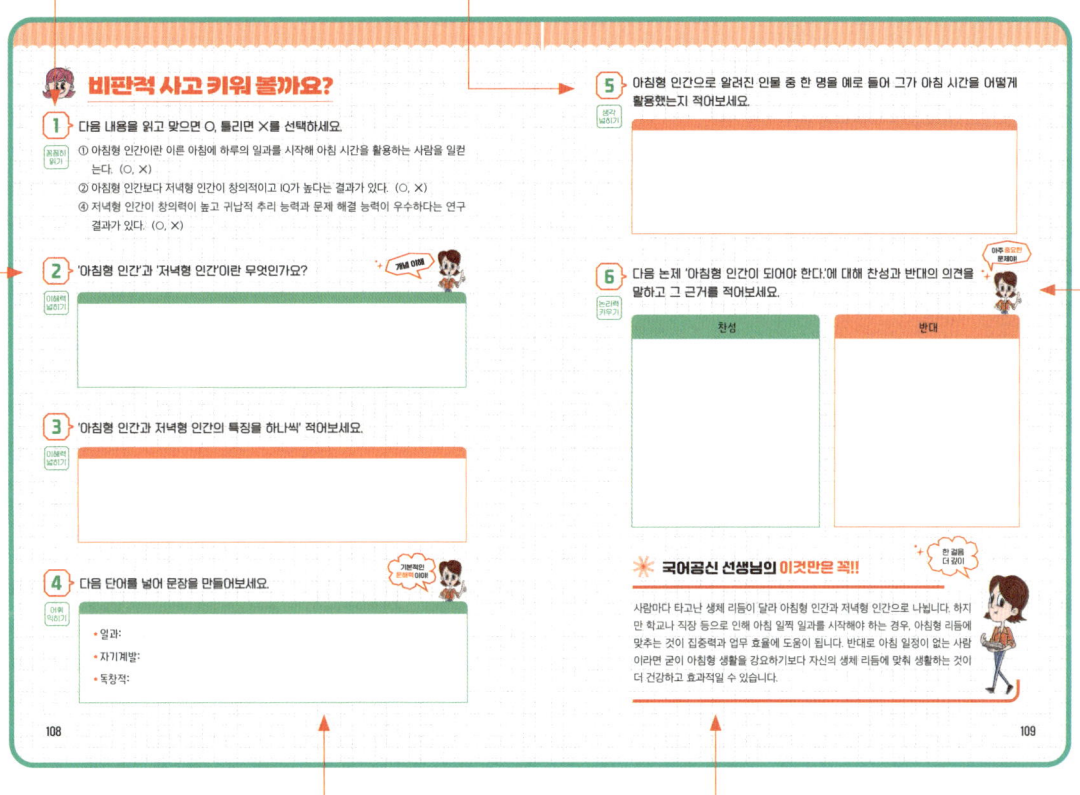

❼ **내용 확인 학습(주관식)**
주관식 문항을 통해 작문 실력을 키우고 본문 내용의 이해도를 확인해요.

❽ **작문, 어휘 학습**
제시된 단어를 활용해 문장을 만들며 어휘력과 작문 실력을 향상해요.

⓫ **한 걸음 더 깊이 나아가기**
심화·확장 학습으로, 본문 내용에서 한 걸음 더 나아가 독자들에게 필요한 정보와 조언을 담았어요.

학습 내용에 따른 초등 교과 연계 및 필독서

인문·문학

학습 내용	교과 연계	책 제목
토론과 토의는 어떻게 다를까?	5-1 국어_6. 토의하여 해결해요	『어린이 토론학교』시리즈
외래어와 외국어의 차이점은 무엇일까?	6-1 국어_7. 우리말을 가꾸어요	『어휘력 향상을 위한 초등 국어 어휘왕』
관용어와 속담은 어떻게 다를까?	6-2 국어_2. 관용 표현을 활용해요	『놀면서 배우는 초등 필수 관용 표현』
홍길동은 과연 의적이자 영웅일까?	6-2 국어_1. 작품 속 인물과 나/8. 작품으로 경험하기	『홍길동전』
비극 속에서도 살아 있는 인간의 강인함, 『몽실 언니』	6-2 국어_1. 작품 속 인물과 나/8. 작품으로 경험하기	『몽실 언니』(개정판)
작지만 소중한 연대, 『긴긴밤』	6-2 국어_1. 작품 속 인물과 나/8. 작품으로 경험하기	『긴긴밤』
악동 제제의 이야기, 『나의 라임 오렌지 나무』	6-2 국어_1. 작품 속 인물과 나/8. 작품으로 경험하기	『나의 라임 오렌지 나무』
우리 마음속 영원한 어른 아이, 『모모』	6-2 국어_1. 작품 속 인물과 나/8. 작품으로 경험하기	『모모』(출간 50주년 기념 개정판)

정치·사회·문화

학습 내용	교과 연계	책 제목
민주주의와 민주정치	6-1 사회_1. 우리나라의 정치 발전	『초등학생을 위한 개념 정치 150』
공정무역이란 무엇일까?	6-2 도덕_4. 공정한 생활 6-1 사회_2. 우리나라의 경제 빌진	『공정무역 세계여행』 더 나은 세상을 만드는 공성무역 이야기(개정판)
청소년 범죄, 처벌을 강화해야 할까?	5-1 사회_2. 인권 존중과 정의로운 사회	『촉법소년, 살인해도 될까요?』
정당방위, 필요할까?	5-1 사회_2. 인권 존중과 정의로운 사회	『초등학생이 꼭 알아야 할 사회 용어 독해 100』- 4. 법·정의
사형제도, 폐지해야 할까?	5-1 사회_2. 인권 존중과 정의로운 사회	『세상에 대하여 우리가 더 잘 알아야 할 교양 11』- 사형제도, 과연 필요한가?
안락사, 허용해야 할까?	5-1 사회_2. 인권 존중과 정의로운 사회	『살아 있어 행복해! 곁에 있어 고마워! 소중한 생명』
노키즈존, 필요할까?	5-1 사회_인권 존중과 정의로운 사회	『처음 시작하는 너와 나의 인권 수업』
차별 없는 세상을 꿈꾸며	5-1 사회_2. 인권 존중과 정의로운 사회	『숨을 참는 아이』(서울시교육청 추천 장애 인식 개선 동화)
노인 무임승차 제도, 필요할까?	5-1 사회_2. 인권 존중과 정의로운 사회	『차별은 세상을 병들게 해요』
임산부 배려석, 비워 두어야 할까?	5-1 사회_2. 인권 존중과 정의로운 사회	『세상의 규칙』
선의의 거짓말, 해도 될까?	5-1 사회_2. 인권 존중과 정의로운 사회	『14살의 말 공부』
수술실 CCTV, 설치해야 할까?	5-1 사회_2. 인권 존중과 정의로운 사회	『내 인권 친구 인권』

학습 내용	교과 연계	책 제목
난민, 수용해야 할까?	5-1 사회_2. 인권 존중과 정의로운 사회 6-2 사회_2. 통일 한국의 미래와 지구촌의 평화/6-2 도덕_6. 함께 살아가는 지구촌	『지구촌 슬픈 갈등 탐구생활』
아침형 인간이 되어야 할까?	6-1 도덕_1. 내 삶의 주인은 바로 나/3. 나를 돌아보는 생활	『청소년을 위한 데일 카네기 불후의 3부작』 - 인간관계론·자기관리론·성공대화론
성형 수술, 필요할까?	6-1 도덕_1. 내 삶의 주인은 바로 나/3. 나를 돌아보는 생활	『외모 대여점』무엇이든 빌려드립니다
대형 마트의 의무 휴업, 필요할까?	6-2 도덕_4. 공정한 생활 6-1 사회_2. 우리나라의 경제 발전	『생각학교 초등 경제 교과서2: 기업과 기업가 정신』
키오스크 설치, 확대해야 할까?	5-1 사회_1. 국토와 우리 생활_우리나라의 산업 발달	『쉽게 배우고 생활에 바로 쓰는 키오스크 기기활용』
학생들의 교복 착용, 필요할까?	5-1 사회_2. 인권 존중과 정의로운 사회 6-1 도덕_1. 내 삶의 주인은 바로 나	『패션 사이언스』
고교학점제, 시행해야 할까?	5-1 사회_2. 인권 존중과 정의로운 사회 6-1 도덕_1. 내 삶의 주인은 바로 나	『내 맘대로 GO! 고교학점제 워크북 중학용』
청소년 이성 교제, 허용해야 할까?	5-1 사회_2. 인권 존중과 정의로운 사회 6-1 도덕_1. 내 삶의 주인은 바로 나	『너에게 들려주는 단단한 말』
자랑스러운 한국, K-문화 한류 열풍	6-2 사회_1. 세계의 여러 나라들	『세계를 사로잡은 문화 콘텐츠 한류』- 반한류 감정은 왜 생길까?

인물·역사

학습 내용	교과 연계	책 제목
조선 최고의 성군, 세종 대왕	6-1 국어_8. 인물의 삶을 찾아서	『세종, 한글로 세상을 바꾸다』- 소통과 어울림의 글자 한글 이야기
해전 불패의 신화, 충무공 이순신	6-1 국어_8. 인물의 삶을 찾아서	어린이『성웅 이순신』
조선 구국의 영웅, 도마 안중근	6-1 국어_8. 인물의 삶을 찾아서	『평화를 위해 쏘다 - 안중근』
나의 소원은 첫째도 둘째도 셋째도 대한 독립, 백범 김구	5-2 사회_일제의 침략과 광복을 위한 노력 6-1 국어_8. 인물의 삶을 찾아서	『청소년을 위한 백범일지』
불의에 맞선 정의로운 항거, 4·19 혁명	6-1 사회_1. 우리나라의 정치 발전	『왜 4·19 혁명이 일어났을까?』
국민의 힘으로 되찾은 주권, 5·18 광주 민주화 운동	6-1 사회_1. 우리나라의 정치 발전	『청소년을 위한 광주 5·18』
다시 한 번 지켜낸 민주주의, 6월 민주 항쟁	6-1 사회_1. 우리나라의 정치 발전	『1987 6월 민주항쟁』
어둠에 지지 않는 꽃, 안네 프랑크	6-1 국어_8. 인물의 삶을 찾아서 6-2 국어_1. 작품 속 인물과 나	『안네의 일기』
절망 속에서 희망의 싹을 틔우다, 헬렌 켈러	6-1 국어_8. 인물의 삶을 찾아서 6-2 국어_1. 작품 속 인물과 나	『장애를 넘어 인류애에 이른 헬렌 켈러』

과학·기술

학습 내용	교과 연계	책 제목
원자력 발전소, 필요할까?	6-2 과학_5. 에너지와 생활	『두 얼굴의 에너지, 원자력』
한국, 핵무기 보유해야 할까?	6-2 과학_5. 에너지와 생활	『핵무기와 국제정치 쫌 아는 10대』 - 착한 핵무기는 없다
유전자 조작 기술, 허용해도 될까?	5-1 사회_2. 인권 존중과 정의로운 사회 5-1 사회_1. 국토와 우리 생활_우리나라의 산업 발달	『함께 생각하자_GMO』 - 유전자 조작 식품은 안전할까?
청소년의 스마트폰 중독과 디지털 디톡스	6-1 도덕_1. 내 삶의 주인은 바로 나 3. 나를 돌아보는 생활	『10대를 위한 뇌 과학 수업』
인공지능의 발전, 위기일까 기회일까?	5-1 사회_1. 국토와 우리 생활_우리나라의 산업 발달	『청소년을 위한 AI 최강의 수업』
인공지능 창작물 저작권, 인정해야 할까?	5-1 사회_1. 국토와 우리 생활_우리나라의 산업 발달	『디지털 세상에서 나를 지키기 위한 개인정보와 안전 이야기』
전자책과 종이책, 어떤 것을 읽어야 할까?	5-1 사회_1. 국토와 우리 생활_우리나라의 산업 발달	『초등 디지털 미디어 리터러시』
인터넷 실명제, 실시해야 할까?	5-1 사회_2. 인권 존중과 정의로운 사회	『청소년의 사이버 윤리』

환경·생물

학습 내용	교과 연계	책 제목
동물 실험, 허용해도 될까?	5-2 과학_1. 생물과 환경	『유네스코 동물 권리 선언 탐구생활』 - 착한 사회를 위한 공존과 생명권 이야기
기후 위기, 이대로 괜찮을까?	5-2 과학_2. 날씨와 우리 생활 6-2 도덕_6. 함께 살아가는 지구촌	『기후 환경 처음 공부』
업사이클링, 재활용을 넘어 가치 있는 상품과 문화로	5-2 과학_2. 날씨와 우리 생활 6-2 도덕_6. 함께 살아가는 지구촌	『지구를 살리는 업사이클링 환경놀이』 - 환경 감수성 UP! STEAM 역량 UP!
매장 내 일회용품 사용 규제, 필요할까?	5-2 과학_2. 날씨와 우리 생활 6-2 도덕_6. 함께 살아가는 지구촌	『지구를 위한 소비 수업』
그린벨트, 유지해야 할까?	5-1 사회_1. 국토와 우리생활 6-2 사회_2. 통일 한국의 미래와 지구촌의 평화	『오늘부터 시작하는 탄소중립』

 감수자의 말

미래 세대의 참된 교육을 위한 지침서, 한 권으로 세상 읽기!

　문해력은 단순히 글을 읽고 이해하는 능력이 아니다. 세상을 읽고, 생각하고, 자기 목소리를 낼 수 있는 힘이다. 이 책은 바로 그 힘을 길러주는 든든한 길잡이다.

　이 책의 미덕은 아이들 눈높이에서 세상의 다양한 문제를 진지하게 다룬다는 점이다. 토론과 토의의 차이부터 사형제도, 난민, 인공지능, 기후 위기까지 결코 쉽지 않은 주제들을 피하지 않는다. 아이들을 어른들의 세계에서 격리시키지 않고, 민주 시민으로서 함께 생각하고 판단할 수 있는 존재로 대우한다. 이것이야말로 참된 교육의 자세다.

　특히 세종대왕, 이순신, 안중근, 김구 같은 역사 인물과 4·19 혁명, 5·18 민주화 운동을 다룬 대목이 인상적이다. 우리말과 우리 역사를 통해 정체성의 뿌리를 심어주는 작업은 아무리 강조해도 지나치지 않다.

　무엇보다 이 책은 정답을 알려주지 않는다. 찬성과 반대, 다양한 관점을 보여주고 스스로 생각하게 한다. 비판적 사고력과 논리력을 키우는 문제들도 잘 설계되어 있다. 읽고 생각하고 쓰는 과정을 통해 아이들은 자연스럽게 문해력의 근육을 기르게 될 것이다.

　미래 세대가 깨어 있는 시민으로 성장하길 바라는 부모님과 선생님들께 이 책을 권한다.

• 감수 김슬옹

한국외국어대학교 교육대학원 객원교수, 세종국어문화원 원장, 훈민정음가치연구소 소장, 간송미술문화재단 객원연구위원, 한글학회 연구위원, 세종대왕기념사업회 전문위원, 한글문화연대 운영위원, 3·1운동 100주년 기념 국가대표 33인상, 문화체육부장관상(한글운동 공로)

  차례

- 저자의 말   4
- 이 책의 구성과 특징   6
- 학습 내용에 따른 초등 교과 연계 및 필독서   8
- 감수자의 말   11

1장: 인문·문학

1. **토론과 토의는 어떻게 다를까?**   20
   토론과 토의의 의미, 공통점과 차이점 살펴보기

2. **외래어와 외국어의 차이점은 무엇일까?**   24
   외래어와 외국어의 의미, 공통점과 차이점 살펴보기

3. **관용어와 속담은 어떻게 다를까?**   28
   관용어와 속담의 의미, 공통점과 차이점 살펴보기

4. **홍길동은 과연 의적이자 영웅일까?**   32
   조선시대 사회 제도의 모순, 홍길동의 의적 행위에 대해 살펴보기

5. **비극 속에서도 살아 있는 인간의 강인함,『몽실 언니』**   36
   인간의 위대함과 우리 민족의 역사 읽기

6. **작지만 소중한 연대,『긴긴밤』**   40
   더불어 살아가는 사회, 생명의 소중함에 대해 살펴보기

7. **악동 제제의 이야기,『나의 라임 오렌지 나무』**   44
   만남과 이별, 그리고 성장에 대해 살펴보기

8. **우리 마음속 영원한 어른 아이,『모모』**   48
   시간과 경청의 소중함에 대해 살펴보기

2장: 정치·사회·문화

1. **민주주의와 민주정치**   54
   민주주의, 민주정치의 의미와 의의 살펴보기

2. **공정무역이란 무엇일까?**   58
   공정무역의 의미와 의의 살펴보기

3. **청소년 범죄, 처벌을 강화해야 할까?**   62
   청소년 범죄의 원인과 심각성, 대처 방안 살펴보기

4. **정당방위, 필요할까?**   66
   정당방위의 의미와 필요성, 제도의 보완점 살펴보기

5. **사형제도, 폐지해야 할까?**   70
   사형제도의 의미와 필요성, 인간의 존엄성에 대해 살펴보기

6. **안락사, 허용해야 할까?**   74
   안락사의 의미와 필요성, 제도 시행 국가 실태 살펴보기

7. **노키즈존, 과연 필요할까?**   78
   노키즈존의 의미와 필요성, 장단점 살펴보기

8. **차별 없는 세상을 꿈꾸며**   82
   장애인과 비장애인의 경계를 허물며 공감과 연대의 중요성 살펴보기

9. **노인 무임승차 제도, 필요할까?**   86
   노인 무임승차 제도의 의미와 필요싱, 보완짐 실퍼보기

10. **임산부 배려석, 비워 두어야 할까?**   90
    임산부 배려석의 의미와 필요성, 보완점 살펴보기

11. 선의의 거짓말, 해도 될까?   94
　　선의의 거짓말의 의미와 필요성, 장단점 살펴보기

12. 수술실 CCTV, 설치해야 할까?   98
　　수술실 CCTV 설치의 필요성과 장단점 살펴보기

13. 난민, 수용해야 할까?   102
　　난민의 의미와 실태 살펴보기

14. 아침형 인간이 되어야 할까?   106
　　아침형, 저녁형 인간의 의미와 특징 살펴보기

15. 성형 수술, 필요할까?   110
　　성형 수술의 필요성과 찬반 여론 살펴보기

16. 대형 마트의 의무 휴업, 필요할까?   114
　　대형 마트 의무 휴업의 의미와 의무 휴업의 영향력 살펴보기

17. 키오스크 설치, 확대해야 할까?   118
　　키오스크의 의미와 필요성, 찬반론 학습하기

18. 학생들의 교복 착용, 필요할까?   122
　　교복 착용의 필요성과 장단점 살펴보기

19. 고교학점제, 시행해야 할까?   126
　　고교학점제의 의미와 필요성, 찬반 여론 살펴보기

20. 청소년 이성 교제, 허용해야 할까?   130
　　청소년기 이성 교제의 장단점과 미래에 미치는 영향 살펴보기

21. 자랑스러운 한국, K-문화 한류 열풍   134
　　한류의 의미와 의의, 영향력 살펴보기

3장: 인물·역사

1. **조선 최고의 성군, 세종 대왕**   140
   태평성대를 이룬 세종 대왕의 업적 살펴보기

2. **해전 불패의 신화, 충무공 이순신**   144
   임진왜란의 의의와 이순신 장군의 업적 살펴보기

3. **조선 구국의 영웅, 도마 안중근**   148
   안중근 의거의 의의와 시대 정신 살펴보기

4. **나의 소원은 첫째도 둘째도 셋째도 대한 독립, 백범 김구**   152
   김구의 독립을 향한 의지와 업적 살펴보기

5. **불의에 맞선 정의로운 항거, 4·19 혁명**   156
   4·19 혁명의 전개 과정과 그 의의

6. **국민의 힘으로 되찾은 주권, 5·18 광주 민주화 운동**   160
   5·18 광주 민주화 운동의 전개 과정과 그 의의

7. **다시 한 번 지켜낸 민주주의, 6월 민주 항쟁**   164
   6월 민주항쟁의 전개 과정과 그 의의

8. **어둠에 지지 않는 꽃, 안네 프랑크**   168
   안네의 일기를 통해 역사 읽기, 홀로코스트의 의미

9. **절망 속에서 희망의 싹을 틔우다, 헬렌 켈러**   172
   장애를 딛고 이뤄낸 빛나는 성취

4장: 과학·기술

1. 원자력 발전소, 필요할까?   178
원자력 발전소의 필요성과 위험성, 보완점 살펴보기

2. 한국, 핵무기 보유해야 할까?   182
핵무기의 필요성과 위험성, 각국의 실태 살펴보기

3. 유전자 조작 기술, 허용해도 될까?   186
유전자 조작 기술의 필요성과 위험성, 영향력 살펴보기

4. 청소년의 스마트폰 중독과 디지털 디톡스   190
청소년 스마트폰 중독의 원인과 대처 방안, 디지털 디톡스의 의미 살펴보기

5. 인공지능의 발전, 위기일까 기회일까?   194
인공지능의 양면성 살펴보기

6. 인공지능 창작물 저작권, 인정해야 할까?   198
인공지능 창작물 저작권의 필요성과 한계 살펴보기

7. 전자책과 종이책, 어떤 것을 읽어야 할까?   202
독서 인구 최저 시대, 그 해결책 살펴보기

8. 인터넷 실명제, 실시해야 할까?   206
개인의 자유와 책임의 중요성에 대해 살펴보기

5장: 환경·생물

1. 동물 실험, 허용해도 될까?   212
과학 발전과 비윤리성의 충돌에 대해 살펴보기

2. 기후 위기, 이대로 괜찮을까? 216
　　기후 위기의 의미와 대처 방안 살펴보기

3. 업사이클링, 재활용을 넘어 가치 있는 상품과 문화로 220
　　업사이클링의 의미와 의의 살펴보기

4. 매장 내 일회용품 사용 규제, 필요할까? 224
　　환경 보호의 시작, 일회용품 사용 규제와 그 필요성 살펴보기

5. 그린벨트, 유지해야 할까? 228
　　그린벨트의 의미와 필요성, 한계 살펴보기

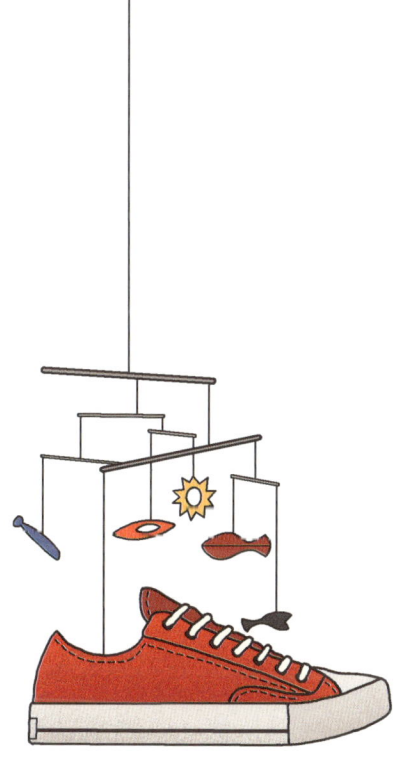

1장

인문·문학

1주 / 1일

교과 연계: 5-1 국어_6. 토의하여 해결해요

토론과 토의는 어떻게 다를까?

[핵심어 체크] □토론 □토의 □협력 □배려 □경청

읽기 난이도 좋아요!

입마개 좀 풀어줘!

여러분은 '토론(討論)'과 '토의(討議)'의 차이점을 정확히 알고 계신가요? 두 단어는 겉보기에는 비슷해 보이지만 그 목적과 진행 방식, 말하기 방법 등에서 분명한 차이가 존재합니다. 먼저 토론에 대해 살펴보면, 토론은 하나의 주제에 대해 찬성과 반대의 입장으로 나누어 자신의 주장이 옳다는 것을 상대에게 설득하는 말하기 방식입니다. 따라서 토론의 주제는 반드시 찬성과 반대로 나눌 수 있어야 하며, 예를 들어 '애완견을 산책시킬 때 반드시 입마개를 씌워야 한다', '우리 동네에 장애인 시설을 설치해서는 안 된다'와 같은 주제가 이에 해당합니다.

토론은 나와 의견이 다른 상대의 주장에 반박❶하고 설득해야 하는 말하기 방식이므로 때로는 격렬❷한 논쟁처럼 보이기도 합니다. 하지만 토론의 핵심은 상대방을 이기기 위한 싸움이 아니라, 자신의 주장을 논리적이고 타당한 근거를 바탕으로 설명하며 설득하는 과정에 있습니다. 토론에서는 자신의 주장을 관철❸시키는 것도 중요하지만, 나와 의견이 다른 상대의 생각을 경청❹하고 존중하는 태도 역시 반드시 필요합니다. 상대방의 의견을 이해하고 존중하는 마음이 바탕이 되어야만 토론은 건강하고 생산적인 의사소통으로 이어질 수 있습니다. 또한 상대의 주장에 대응하기 위해 논리적 반박 능력을 기르는 것과 동시에 자신의 주장에 설득력을 부여하는 방법을 배우는 기회이기도 합니다.

반면에 토의는 특정 문제에 대해 함께 검토하고 의논하는 말하기 방식으로 찬성과 반대로 나누어 경쟁하는 것이 목적이 아니라 공동의 문제를 해결하기 위한 최선의 방안을 찾는 데 중점을 둡니다. 예를 들어 '부모님께 효도하려면 어떻게 해야 할까?', '수학을 잘하려면 어떻게 공부해야 할까?'와 같은 질문은 '어떻게'라는 방법적 측면에 초

자식들이 행복하게 잘사는 게 제일 큰 효도지.

점을 맞추며, 참여자 모두가 의견을 공유하고 조율하면서 최적의 해결책을 찾는 과정을 의미합니다. 토의에서는 경쟁보다는 협력이 강조되며, 참여자 모두가 자신의 생각을 자유롭게 표현하고, 다른 사람의 의견을 존중하며 조율해 나가는 과정이 핵심입니다.

　이렇듯 토론과 토의는 말하기 방식, 목적, 진행 방식 등에서 차이가 존재하지만 공통점도 많습니다. 두 방식 모두 여러 사람이 함께 의견을 나누는 과정이라는 점에서, 자신의 생각을 명확히 표현하고 다른 사람의 의견을 존중하며 예의를 지키는 태도가 필수적입니다. 올바른 토론과 토의 문화를 만들기 위해서는 자신의 주장만 내세우는 것이 아니라, 서로의 의견을 이해하고 조율하려는 배려❺와 꾸준한 노력이 필요합니다. 이러한 과정을 통해 학교나 직장, 사회 등 다양한 공동체에서 서로를 존중하며 건강하고 건설적인 의사소통을 실천할 수 있습니다.

집중

국어공신 선생님의 어휘 다지기!

❶ **반박**: 어떤 의견, 주장, 논설 따위에 반대하여 말함. 예시문 그 제안에 대해서는 아무런 반박이 없었다.
❷ **격렬**: 말이나 행동이 세차고 사납다. 예시문 두 세력은 격렬하게 암투하고 있다.
❸ **관철**: 어려움을 뚫고 나아가 목적을 기어이 이룸. 예시문 노동자들은 요구 사항 관철을 위해 장외 집회를 열었다.
❹ **경청**: 귀를 기울여 들음. 예시문 대화에서 가장 중요한 것은 경청이다.
❺ **배려**: 도와주거나 보살펴 주려고 마음을 씀. 예시문 관심과 배려를 아끼지 않다.

비판적 사고 키워 볼까요?

1 다음 내용을 읽고 맞으면 O, 틀리면 X를 선택하세요.
① 토론은 상대를 설득하는 말하기 방식이다. (O, X)
② 토의는 어떤 주제에 대해 최선의 해결 방안을 찾는 말하기 방식이다. (O, X)
③ '초등학생이 학교에서 스마트폰을 사용해도 될까?'는 토의 주제로 적합하다. (O, X)

2 '토론과 토의'란 무엇인가요?

3 '토론과 토의에 적합한 주제를 하나씩' 적어보세요.

4 <보기>에서 알맞은 단어를 찾아 괄호 안에 넣어보세요.

보기   ㉠반박 ㉡열띠다 ㉢관철 ㉣경청 ㉤배려

① 말이나 행동이 세차고 사납다. (   )
② 어떤 의견, 주장, 논설 따위에 반대하여 말함. (   )
③ 귀를 기울여 들음. (   )
④ 도와주거나 보살펴 주려고 마음을 씀. (   )
⑤ 어려움을 뚫고 나아가 목적을 기어이 이룸. (   )

5 부모님께 효도하는 것은 왜 중요할까요? 그 이유와 함께 여러분의 생각을 적어보세요.

 6 다음 논제 '애완견을 산책시킬 때 입마개를 반드시 씌워야 한다.'에 대해 찬성과 반대의 의견을 말하고 그 근거를 적어보세요.

찬성	반대

국어공신 선생님의 **이것만은 꼭!!**

TV 토론에서는 토론자들이 감정이 격해져 제한 시간과 규칙을 어기고 자신의 주장만을 고집하는 경우가 종종 있습니다. 토론은 찬반이 대립하는 말하기이므로 감정싸움으로 번지지 않도록 사회자의 진행과 규칙을 잘 따라야 합니다. 반면, 토의는 최선의 해결책을 찾기 위한 말하기로 다양한 의견을 경청하며 적절한 방안을 함께 모색해야 합니다.

인문·문학

1주 / 2일

교과 연계: 6-1 국어_7. 우리말을 가꾸어요

외래어와 외국어의 차이점은 무엇일까?

읽기 난이도 좋아요!

[핵심어 체크] □우리말 □외래어 □외국어 □고유어 □한자어

'외래어(外來語)'란 본래 외국에서 사용되던 말이 우리말의 체계에 동화❶되어 우리말로 받아들여진 단어를 말합니다. 즉, 외국에서 들어와 우리말처럼 쓰이는 단어로, '빌려 쓴다'는 의미에서 '차용어(借用語)'라고도 합니다. 이러한 외래어는 독일어, 일본어, 영어, 중국어, 프랑스어 등 여러 나라의 말이 우리나라로 유입❷되면서 오랜 세월에 걸쳐 우리말로 굳어진 것입니다. 오늘날 우리 생활 속에서 흔히 사용하는 '컴퓨터', '텔레비전', '라디오', '노트북' 등이 그 대표적인 예입니다. 처음에는 외국어였지만, 이제는 우리말처럼 자연스럽게 사용되고 있어 외래어로 인정받게 된 것입니다.

반면에 '외국어(外國語)'는 말 그대로 외국 사람들이 사용하는 언어, 즉 우리말의 체계에 동화되지 않은 외국의 말을 의미합니다. 외국어는 그대로 사용하면 우리말 문장 속에서 어색하게 느껴지며, 발음이나 문법 면에서도 우리말과 어울리지 않습니다. 예를 들어 '굿모닝(안녕하세요)', '밀크(우유)', '머니(돈)' 등은 외국어로, 우리말로 충분히 바꿔 쓸 수 있습니다. 따라서 이런 말들은 외래어가 아니라 외국어로 구분되며, 우리말로 순화해 사용하는 것이 바람직합니다.

국어의 어휘는 유래❸에 따라 '고유어, 한자어, 외래어'로 나눌 수 있습니다. 고유어는 예로부터 우

▲ 명동 한복판에 가면 외국어로 된 간판을 볼 수 있다.

외국어 천국이네!

리 민족이 사용해 온 순수한 우리말을 말하고, 한자어는 중국에서 전래되어 오랫동안 우리 언어생활 속에 자리 잡은 단어입니다. 그리고 외래어는 비교적 근래에 들어와 우리말 속에 정착된 외국어를 뜻합니다. 이처럼 외래어는 우리말로 굳어진 외국어이기 때문에 우리말의 일부로 인정되지만, 외국어는 아직 우리말로 받아들여지지 않은 외국의 언어라는 점에서 차이가 있습니다.

오늘날 우리는 일상생활에서 외국어와 외래어를 구분하지 않고 섞어 쓰는 경우가 많습니다. 특히 광고나 인터넷, 방송, 젊은 세대의 대화 속에서 외국어를 그대로 사용하는 사례가 늘고 있습니다. 예를 들어 "미팅을 하자", "헬스장을 갔다", "쇼핑을 즐긴다" 같은 표현들은 대부분 외래어로 굳어져 있지만, 이와 달리 '오케이', '헬로', '바이' 등은 외국어에 더 가깝습니다. 이렇게 외국어를 남용하면 우리말 고유의 표현력을 약화시키고, 세대나 계층 간 의사소통에도 혼란을 줄 수 있습니다.

외래어는 새로운 사물이나 개념을 표현하기 위해 불가피하게 쓰이는 경우가 많으므로, 적절한 상황에서는 사용하는 것이 자연스럽습니다. 하지만 외국어는 우리말로 대체할 수 있는 말이 많기 때문에 가능하면 우리말로 순화❹해 사용하는 것이 좋습니다. 무분별한 외국어 남용❺은 의사소통에 지장을 줄 뿐 아니라, 우리말의 본질을 흐리고 언어문화를 오염시킬 수 있습니다. 따라서 우리는 외래어와 외국어의 차이를 올바로 이해하고, 상황에 맞게 적절히 사용하는 태도를 가져야 합니다. 이러한 노력이 쌓일 때 우리말의 아름다움과 정체성을 지키며 세계 속에서도 당당히 발전할 수 있을 것입니다.

국어공신 선생님의 어휘 다지기!

❶ **동화:** 성질, 양식(樣式), 사상 등이 다르던 것이 서로 같게 됨. 예시문 그는 산속에서 자연과의 동화를 느꼈다.
❷ **유입:** 문화, 지식, 사상 따위가 들어옴. 예시문 해외 인력의 국내 유입이 늘어나고 있다.
❸ **유래:** 사물이나 일이 생겨남. 예시문 이 민속 행사의 유래는 신라 때로 거슬러 올라간다.
❹ **순화:** 잡스러운 것을 걸러서 순수하게 함. 예시문 청소년 선도에는 처벌보다는 순화가 앞서야 한다.
❺ **남용:** 일정한 기준이나 한도를 넘어서 함부로 씀. 예시문 경제 성장에 따른 자원의 남용.

비판적 사고 키워 볼까요?

1 윗글의 내용과 일치하지 않는 것은?

① 우리말은 고유어, 한자어, 외래어로 나눌 수 있다.
② 외국어는 모두 우리말로 순화하여 사용할 수 있는 것은 아니다.
③ 빵, 버스, 라디오 등은 외래어이다.
④ 밀크, 머니 등은 외국어이다.
⑤ 외래어는 독일어, 일본어, 중국어 등에서 유래되었다.

2 '외래어와 외국어의 차이점'은 무엇인가요?
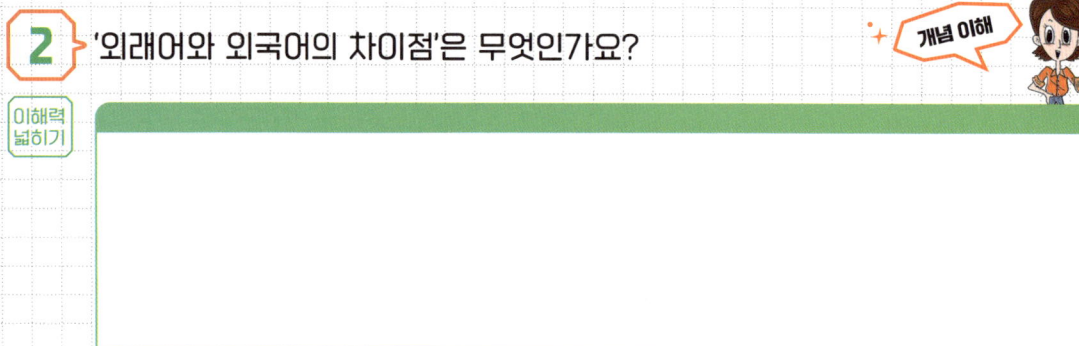

3 '외래어와 외국어는 어떻게 사용'해야 할까요?

4 다음 단어를 넣어 문장을 만들어보세요.

★ 유입:

★ 남용:

★ 본질:

5 다음 단어들(다섯 개 이상)을 넣어 '우리말을 아름답게 가꾸자'라는 주제에 맞게 한 편의 글을 작성해보세요.

생각
넓히기

#고유어 #외래어 #한자어 #외국어 #무분별 #남용 #국어 #우리말 #순화

6 다음 논제 '일상생활에서 외래어 사용을 줄여야 한다고 생각하는가?'에 대해 찬성과 반대의 의견을 말하고 그 근거를 적어보세요.

논리력
키우기

찬성	반대

국어공신 선생님의 이것만은 꼭!!

정치, 문화, 경제적 이유로 다른 나라의 언어가 들어와 세월이 흐르면서 자국에 토착화되어 국어와 마찬가지로 사용되는 일은 세계 곳곳에서 볼 수 있는 언어 현상입니다. 한국어에도 '고무(네덜란드)', '붓(중국)', '구두·냄비(일본)', '아르바이트(독일)', '템포(이탈리아)', '빵·카스텔라(포르투갈)'처럼 다양한 외래어가 토착화되어 일상에서 자연스럽게 쓰이고 있습니다.

인문·문학

1주 / 3일

교과 연계: 6-2 국어_2. 관용 표현을 활용해요

관용어와 속담은 어떻게 다를까?

[핵심어 체크] □우리말 □관용표현 □관용어 □속담 □지혜

읽기 난이도 좋아요!

　사전적 의미인 본래의 뜻과는 다른 새로운 뜻으로 굳어져 쓰는 표현을 '관용 표현'이라고 합니다. 관용 표현은 시간이 지나면서 많은 사람들이 반복적으로 사용해 의미가 굳어진 표현으로, 단어 하나하나의 원래 뜻으로는 전체 뜻을 이해하기 어려운 경우가 많습니다. 관용 표현에는 여러 종류가 있지만 대표적인 예로 '관용어'와 '속담'을 들 수 있습니다. 이 두 표현은 모두 관습적으로 쓰이면서 새로운 의미가 부여❶되었다는 점에서 공통점을 가지고 있습니다. 그렇다면 관용어와 속담은 어떤 점에서 서로 다를까요?

　먼저 관용어는 두 개 이상의 낱말이 결합하여 원래의 의미와는 다른 특별한 의미를 나타내는 표현입니다. 이러한 관용어는 단어의 사전적 뜻만으로는 전체 의미를 유추할 수 없어 맥락 속에서 이해하고 익혀야 합니다. 예를 들어 '손이 크다'는 손의 크기를 말하는 것이 아니라 씀씀이가 후하고 넉넉하다는 의미입니다. '발이 넓다'는 발의 폭과 전혀 관련이 없으며, 사람을 많이 알고 활동 범위가 넓다는 뜻입니다. 또한 '머리를 맞대다'는 실제 머리를 붙이는 행동이 아니라 서로 모여 생각을 나누고 의논하는 것을 의미합니다. '팔을 걷어붙이다' 역시 단순히 소매를 올린다는 뜻이 아니라 어떤 일을 적극적으로 해낼 준비를 한다는 의미입니다. 이처럼 관용어는 신체와 관련된 표현이 많고, 일상적❷으로 매우 자연스럽게 사용됩니다.

　반면 속담은 조상들의 경험과 지혜가 오랜 세월에 걸쳐 전해 내려온 표현입니다. 속담 또한 관용어와 마찬가지로 문자 그대로의 뜻이 아닌 비유적 의미가 담겨 있지만, 관용어와 달리 비교적 완전한 문장 형태로 되어 있다는 특징이 있습니다. 예를 들어 '말 한마디에 천 냥 빚을 갚는다'는 말을 잘하면 어려운 상황도 해결될 수 있다는 지혜를 전합니다. '백지장도 맞들면 낫다'는 쉬운 일이라도 여럿이 힘을 합치면 더 쉽게 할 수 있다는 의미입니다. 또한 '공든 탑이 무너지랴'는 정성과 노력을 다한 일은 쉽게 실패하지 않는다는 뜻을 담고 있습니다. 속담은 단순한 표현을 넘어 교훈과 삶의 철학이 담긴 언어 문화의 한 부분이라 할 수 있습니다.

공든 탑이 무너질 리가!

이처럼 관용어와 속담 같은 관용 표현을 적절히 사용하면 큰 장점이 있습니다. 첫째, 자신의 생각을 보다 간결하고 명확하게 전달할 수 있어 대화가 효율적이 됩니다. 둘째, 관용 표현은 직설적❸이지 않고 완곡한❹ 표현이므로 상대방의 감정을 배려할 수 있습니다. 셋째, 비유적이고 재치 있는 표현을 사용함으로써 대화를 재미있고 생동감 있게 만들어 주며, 상대방의 흥미를 끌 수 있습니다. 따라서 관용 표현을 잘 활용하면 언어 능력을 높이고, 우리말의 깊이와 아름다움을 더욱 잘 느낄 수 있습니다.

우리말에는 이처럼 다양한 관용 표현이 살아 숨 쉬고 있습니다. 관용어와 속담을 꾸준히 익히고 활용❺한다면 언어 실력뿐 아니라 사고의 깊이도 한층 넓어질 것입니다. 오늘부터 하루에 하나씩 관용 표현을 배워 보고 직접 사용해 보며 우리말의 아름다움과 지혜를 느껴보는 것은 어떨까요? 작은 실천이지만, 여러분의 말과 글을 더욱 풍성하고 세련되게 만들어 줄 것입니다.

집중

국어공신 선생님의 어휘 다지기!

❶ **부여:** 사람에게 권리, 명예, 임무 등을 지니도록 하거나, 사물이나 일에 가치, 의의 등을 붙여줌. 예시문 철수에게 특수 임무를 부여하다.   ❷ **일상적:** 날마다 볼 수 있는 것.   예시문 이 단어는 일상적으로 많이 사용된다.   ❸ **직설적:** 바른대로 말하는 것.   예시문 그 사람은 직설적으로 나의 단점을 비판해 댔다.   ❹ **완곡하다:** 말하는 투가, 듣는 사람의 감정이 상하지 않도록 모나지 않고 부드럽다.   예시문 그는 제안을 완곡하게 거절했다.   ❺ **활용하다:** 충분히 잘 이용하다.   예시문 양성된 인재를 적극 활용하다.

비판적 사고 키워 볼까요?

1 윗글의 내용과 일치하지 않는 것은?

① 본래의 뜻과는 달리 새로운 의미가 부여되어 굳어진 표현을 관용 표현이라고 한다.
② 속담과 관용어는 모두 관용 표현이다.
③ 관용어는 비교적 완전한 문장으로 되어 있다.
④ 대화를 할 때 관용 표현을 사용하면 듣는 이의 관심과 흥미를 유발할 수 있다.
⑤ '발이 넓다'는 '사귀어 아는 사람이 많다'라는 의미로 쓰이는 관용 표현이다.

2 '관용어와 속담의 공통점과 차이점'은 무엇인가요?

3 '대화를 할 때 관용 표현을 사용하면 어떤 효과'가 있나요?

4 <보기>에서 알맞은 단어를 찾아 괄호 안에 넣어보세요.

> 보기 ㉠발 벗고 나서다 ㉡손발을 맞추다 ㉢천릿길도 한 걸음부터 ㉣엎친 데 덮치다

① 함께 일을 할 때 마음이나 생각, 행동 방식 등을 맞추다. (   )
② 모든 일은 시작이 중요하다. (   )
③ 어떤 일에 적극적으로 나서다. (   )
④ 어렵거나 나쁜 일이 연달아 일어나다. (   )

5  다음 관용 표현을 사용해 '고운 말과 겸손함의 중요성'을 주제로 여러분의 생각이 담긴 한 편의 글을 완성해보세요.

◎ 가는 말이 고와야 오는 말이 곱다.   ◎ 말 한마디에 천 냥 빚도 갚는다.

6 다음 논제 '관용어와 속담은 현대 사회에서도 여전히 중요한 언어 표현 방식인가?'에 대해 찬성과 반대의 의견을 말하고 그 근거를 적어보세요.

아주 중요한 문제야!

찬성	반대

✲ 국어공신 선생님의 **이것만은 꼭!!**

한 걸음 더 깊이

관용어는 단어 그대로 해석하는 말이 아닌, 새로운 의미를 부여한 말이기 때문에 학습이 필요합니다. 속담처럼 완전한 문장이 아니기 때문에 학생들 입장에서는 해석에 어려움이 있을 수 있습니다. 속담은 관용어에 비해 완전한 문장이지만, 속담 또한 본래 의미와는 다른 의미를 지닌 관용 표현이므로 관용어와 속담 모두 지속적인 학습이 필요합니다.

인문·문학

1주 / 4일

교과 연계: 6-2 국어_1. 작품 속 인물과 나/8. 작품으로 경험하기

홍길동은 과연 의적이자 영웅일까?

[핵심어 체크] □홍길동 □의적 □영웅 □적서차별 □입신양명

읽기 난이도 좋아요!

『홍길동전』은 동에 번쩍, 서에 번쩍하며 나쁜 사람들의 재물을 빼앗아 가난하고 착한 사람들에게 나눠주는 '홍길동'이라는 비범한 인물을 그린 이야기입니다. 조선 광해군 때에 지어진 우리나라 최초의 한글 소설로, '적서 차별❶의 사회 제도'와 '부패한 정치'를 비판하여 오늘날까지 높은 평가를 받고 있습니다.

홍길동은 재능이 뛰어났지만 어머니가 첩이라 서얼❷로 태어나 출세할 수 없었습니다. 아버지인 홍 판서를 아버지라 부르지 못하고, 형 또한 형이라 부르지 못하는 비참한 처지에 놓였지요. 당시 조선은 신분 질서가 엄격했기에 홍길동의 능력은 인정받지 못했습니다. 그러던 중 홍 판서의 첩 초란이 그를 해치려 하자, 홍길동은 집을 떠나 도적 무리의 우두머리가 됩니다. 그는 이 무리를 '활빈당'이라 부르며, 탐관오리❸의 재물을 빼앗아 가난한 백성을 돕는 의로운 활동을 펼쳤습니다.

홍길동은 둔갑술, 축지법, 분신술의 능력을 이용해 전국을 누비며 활빈당 활동을 이어갔습니다. 조정이 그를 잡기 위해 수배령을 내렸지만 끝내 잡지 못하자, 임금은 그의 요구를 받아들여 병조판서로 임명합니다. 그러나 홍길동은 벼슬을 받은 뒤 임금께 큰절을 올리고 허공으로 사라집니다. 이후 그는 '율도국'을 세워 이상 사회를 이루었다고 전해집니다.

　그렇다면 홍길동은 과연 의적이자 영웅일까요? 홍길동이 의적이라는 입장은 그가 백성의 재산에는 손대지 않고, 부패한 관리들이 빼앗은 재물을 되찾아 가난한 백성들을 구제했다는 점을 근거로 듭니다. 그는 불의한 사회 질서에 맞서 정의를 실현한 인물로 평가됩니다.

　반면, 홍길동을 의적으로 보지 않는 입장은 그의 행동이 진정한 정의의 실현이 아니라, 자신이 서얼이라는 이유로 사회적 인정을 받지 못한 개인적 한을 해소하기 위한 것이라고 주장합니다. 그는 기묘한 술수로 나라를 혼란에 빠뜨리고 국법을 어긴 인물로, 백성을 위해 헌신하기보다 자신의 **호부호형**❹과 **입신양명**❺을 이루기 위해 싸운 사람이라는 것입니다. 실제로 임금이 병조판서 벼슬을 내리자 홍길동은 조선에 남아 백성을 위한 정치를 펴기보다 율도국으로 떠나 버렸습니다.

　결국 홍길동은 시대의 부조리에 맞서 정의와 평등을 외친 인물입니다. 그의 행동이 법을 어겼다 하더라도, 그 속에는 신분 차별이 없는 세상을 향한 열망이 담겨 있습니다. 따라서 홍길동은 단순한 도적이 아닌, 불의한 사회를 바로잡고자 한 개혁적 영웅이라 할 수 있을 것입니다.

국어공신 선생님의 어휘 다지기!

❶ **적서 차별:** 적자와 서자를 합쳐 이르는 말로 조선시대에 행해졌던 가장 불합리하면서도 극심한 차별. 예시문 홍길동전은 적서 차별 문제를 다루었다. ❷ **서얼:** 서자와 얼자를 아울러 이르는 말. 예시문 조선시대에 서얼 신분은 극심한 차별을 당했다. ❸ **탐관오리:** 백성의 재물을 탐내어 빼앗는, 행실이 깨끗하지 못한 관리. 예시문 백성의 피땀을 짜는 탐관오리. ❹ **호부호형:** 아버지를 아버지라고 부르고 형을 형이라고 부름. 예시문 아버지께서 전격적으로 호부호형을 허락하셨다. ❺ **입신양명:** 출세하여 이름을 세상에 떨침. 예시문 입신양명을 한 후에 고향으로 돌아가겠다.

비판적 사고 키워 볼까요?

1 윗글의 내용과 일치하지 않는 것은?

① 홍길동전은 조선 광해군 때 쓰인 최초의 한글소설이다.
② 홍길동전의 주제는 적서 차별 제도와 부패한 제도의 비판이라고 볼 수 있다.
③ 홍길동은 양반 가문 출신이지만 서얼이라는 신분적 한계로 출세하지 못하였다.
④ 홍길동은 병조 판서가 되어 탐관오리를 처벌하고 조선을 위해 힘쓴다.
⑤ 홍길동은 '호부호형'과 '입신양명'을 하지 못하는 사회 제도에 불만을 품고 가출을 결심한다.

2 '홍길동이 가출을 하고 도적의 우두머리가 된 이유'는 무엇인가요?

3 홍길동이 우두머리가 된 도적 무리 '활빈당은 어떤 의미'를 담고 있나요?

4 다음 단어를 넣어 문장을 만들어보세요.

* 적서 차별:

* 입신양명:

* 호부호형:

5 『홍길동전』의 '의의와 가치'는 무엇인가요?

생각 넓히기

6 다음 논제 '홍길동은 의적이자 영웅이다.'에 대해 찬성과 반대의 의견을 말하고 그 근거를 적어보세요.

논리력 키우기

아주 중요한 문제야!

찬성	반대

✹ 국어공신 선생님의 이것만은 꼭!!

한 걸음 더 깊이

허균(1569~1618)은 조선 광해군 시기의 양반 출신 문인이며, 신분 차별로 고통받은 스승의 삶을 통해 사회의 모순을 인식하고 이를 비판했습니다. 그의 소설 『홍길동전』은 이러한 사상을 반영하지만, 홍길동이 신분제 개혁을 멈춘 지점은 허균의 양반적 한계를 보여줍니다. 따라서 시대적 배경과 작가의 신분, 가치관을 고려해 작품을 감상해야 합니다.

인문·문학

1주 / 5일

교과 연계: 6-2 국어_1. 작품 속 인물과 나/8. 작품으로 경험하기

비극 속에서도 살아 있는 인간의 강인함, 『몽실 언니』

[핵심어 체크] □전쟁소설 □성장소설 □가족 □희망 □사랑

읽기 난이도 좋아요!

이 작품은 1945년 8·15 해방 직후부터 1950년 6·25 전쟁을 전후한 혼란스러운 시대를 배경으로, 가난과 전쟁 속에서도 꿋꿋하게 살아가는 소녀 '몽실이'의 이야기를 그린 전쟁 소설이자 성장 소설입니다. 작품은 한 소녀가 시대의 비극 속에서 겪는 아픔과 성장을 통해 인간의 강인함과 희망의 의미를 전하고 있습니다.

몽실이의 아버지 정씨가 돈을 벌기 위해 먼 곳으로 떠나자, 어머니 밀양댁은 몽실이를 데리고 부잣집 남자와 재혼합니다. 그러나 새아버지 김 주사는 성격이 고약하고 인색하여 몽실이를 구박하고 부려먹었습니다. 그 과정에서 몽실이는 다리를 다쳐 평생 불편한 몸이 되지만, 결코 원망하지 않고 묵묵히 자신의 처지를 받아들입니다. 그러던 중 친아버지 정씨가 돌아와 몽실이를 데려가고, 마음씨 착한 새어머니 북촌댁과 함께 살게 됩니다. 북촌댁은 몽실이를 친딸처럼 아껴주었지만, 행복한 시간은 오래가지 않았습니다. 6·25 전쟁이 발발하자 몽실이의 아버지는 전쟁터에 끌려가고, 북촌댁은 동생 난남이를 낳은 뒤 병으로 세상을 떠나게 됩니다.

나는 꿋꿋이 살아갈 거야

부모를 잃은 몽실이는 어린 나이에 홀로 남아 난남이를 돌보며 살아가야 했습니다. 남의 집 **식모살이❶**와 심부름을 하며, 때로는 음식을 **구걸❷**하면서 힘겨운

삶을 이어갔지만, 몽실이는 결코 절망하지 않았습니다. 오히려 자신보다 더 불우한 처지의 사람들을 돕고, 따뜻한 마음을 잃지 않은 채 살아갔습니다. 그녀가 살았던 시대는 전쟁과 가난으로 수많은 사람들이 굶주리고 죽어 가던 가혹하고❸ 비참한 시대였습니다. 몽실이 또한 교육도 제대로 받지 못했고, 부모를 일찍 여읜 데다, 새아버지의 폭력으로 다리까지 불편한 장애를 지닌 불우한 소녀였습니다. 그럼에도 몽실이는 어머니가 다른 동생 난남이와 아버지가 다른 영득, 영순이까지 돌보며, 가족의 끈을 지키기 위해 헌신했습니다.

세월이 흐른 뒤 몽실이는 구두 수선을 하는 꼽추❹ 남자와 결혼해 두 아이를 낳고, 시장에서 나물 장사를 하며 꿋꿋하게 살아갑니다. 어린 시절 가난으로 인해 헤어졌던 동생 난남이와 영순이를 다시 만나 서로의 상처를 보듬고 종종 연락을 이어갑니다. 특히 요양원에서 외롭게 지내는 난남이를 찾아가 정성껏 챙기는 몽실이의 모습은 그녀의 따뜻한 가족애와 책임감을 보여주며, 삶의 고난 속에서도 가족을 향한 사랑을 잊지 않는 진심 어린 태도를 드러냅니다.

이 작품의 주인공 몽실이는 누군가의 딸이자 언니, 어머니로서 시대의 고통을 온몸으로 견뎌 낸 인물입니다. 몽실이의 고단한❺ 삶을 통해 우리는 직접 경험하지 못한 시대의 현실과, 그 속에서도 꺼지지 않는 인간의 사랑과 연민을 느낄 수 있습니다. 작품은 6·25 전쟁의 비극❻과 참혹함을 다루고 있지만, 불우한 시대 속에서도 강인한 의지와 따뜻한 사랑으로 시련을 이겨내는 몽실이를 통해 희망의 메시지를 전합니다. 절망의 시대 속에서도 당차게 삶을 이어가는 몽실이의 모습은 오늘날에도 깊은 감동을 주며, 이 소설은 인간의 존엄과 삶의 의미를 다시금 생각하게 만드는 작품으로 평가받고 있습니다.

국어공신 선생님의 어휘 다지기!

❶ **식모살이:** 남의 집에 고용되어 주로 부엌일을 맡아 하는 생활이나 일. 〔예시문〕 영희는 남의 집에 식모살이로 들어갔다. ❷ **구걸:** 돈이나 곡식, 물건 따위를 거저 달라고 빎. 〔예시문〕 그 남자는 길에서 양식을 구걸했다. ❸ **가혹하다:** 몹시 모질고 혹독하다. 〔예시문〕 우리는 가혹한 운명과 싸워야 했다. ❹ **꼽추:** '척추 장애인'을 낮잡아 이르는 말. 〔예시문〕 그는 꼽추로 태어난 아들을 정성을 다해 보살폈다. ❺ **고단하다:** 처지가 좋지 못해 몹시 힘들다. 〔예시문〕 며칠 밤을 새웠더니 몸이 고단하다. ❻ **비극:** 인생에서 슬프고 애달픈 일을 겪어 불행한 처지가 된 경우. 〔예시문〕 영화에나 나올 법한 비극이 내 인생에 일어났다.

비판적 사고 키워 볼까요?

1 다음 내용을 읽고 맞으면 O, 틀리면 X를 선택하세요.

꼼꼼히 읽기

① 『몽실 언니』는 1945년 8·15 해방 직후부터 1950년 6·25 전쟁 전후를 배경으로 한다. (O, X)

② 주인공 몽실이는 부모가 다른 동생들을 돌보며 살아간다. (O, X)

③ 어린 나이에 부모를 잃은 몽실이는 혼자 힘으로 동생 난남이를 키우며 남의 집 식모살이, 심부름 등을 하고 음식을 구걸하면서 살아간다. (O, X)

2 이 작품의 주인공 '몽실이'는 어떤 소녀인가요?

개념 이해

이해력 넓히기

3 이 작품의 '의의'는 무엇인가요?

이해력 넓히기

4 <보기>에서 알맞은 단어를 찾아 괄호 안에 넣어보세요.

기본적인 문해력이야!

어휘 익히기

보기   ㉠가혹하다 ㉡고단하다 ㉢비극 ㉣불우하다 ㉤강인하다 ㉥참혹하다

① 몹시 모질고 혹독하다. (   )
② 인생의 슬프고 애달픈 일을 당하여 불행한 경우를 이르는 말. (   )
③ 억세고 질기다. (   )
④ 비참하고 끔찍하다. (   )
⑤ 처지가 좋지 못해 몹시 힘들다. (   )

5 『몽실 언니』의 작가 '권정생 선생님에 관한 정보'를 찾아 적어보세요.

[생각 넓히기]

6 다음 논제 '몽실이처럼 가족을 위해 자신의 꿈과 자유를 희생하는 것이 옳은가?'에 대해 찬성과 반대의 의견을 말하고 그 근거를 적어보세요.

아주 중요한 문제야!

[논리력 키우기]

찬성	반대

국어공신 선생님의 이것만은 꼭!!

한 걸음 더 쥐어

절망 속에서도 사랑과 희망을 잃지 않고 살아가는 인간의 강인함은 깊은 울림을 줍니다. 몽실이가 겪은 시련은 단순한 개인의 고통이 아닌 일제 강점기와 한국전쟁의 비극을 겪은 우리 민족 전체의 고난을 상징합니다. 이 작품을 통해 우리의 가슴 아픈 역사를 되새겨보면서 이 작품이 우리에게 주는 교훈을 오래도록 기억했으면 합니다.

인문·문학

1주 / 6일

교과 연계: 6-2 국어_1. 작품 속 인물과 나/8. 작품으로 경험하기

작지만 소중한 연대, 『긴긴밤』

[핵심어 체크] □생명 □상처 □치유 □연대 □희망

읽기 난이도 좋아요!

『긴긴밤』은 세상에 마지막 남은 흰바위코뿔소 '노든'과, 버려진 알에서 태어나 코뿔소의 손에 맡겨진 펭귄의 삶의 여정❶을 그린 이야기입니다. 노든은 코뿔소이지만 어린 시절 코끼리 고아원에서 코끼리들의 보살핌을 받으며 안락한❷ 생활을 하며 자랐습니다. 그러던 어느 날, 자신이 누구인지, 어떤 존재인지 알기 위해 세상 밖으로 나서며 모험을 시작합니다. 바깥세상에서 노든은 자신과 같은 코뿔소를 만나 가정을 이루고 자식을 낳으며 잠시나마 평화롭고 행복한 삶을 누립니다. 그러나 행복도 잠시, 밀렵❸ 사냥꾼의 습격으로 아내와 딸을 잃고, 노든은 동물원으로 끌려갑니다. 사랑하는 가족을 잃은 노든은 인간에 대한 증오❹와 복수심으로 가득 차, 동물원에서 만난 또 다른 코뿔소 앙가부와 함께 탈출을 계획하지만, 노든이 잠시 자리를 비운 사이 밀렵꾼에게 앙가부는 뿔이 잘리며 목숨을 잃고 맙니다.

이 혼란 속에서 인간 세상에는 전쟁이 발발하고, 노든은 다시 자유를 찾아 동물원을 탈출합니다. 그 과정에서 그는 펭귄 '치쿠'를 만나게 됩니다. 치쿠는 또 다른 펭귄 윔보와 함께 버려진 알을 지키며 살아가고 있었지만, 전쟁으로 윔보를 잃고 혼자가 되어 있습니다. 치쿠는 남은 알을 자식처럼 소중히 보살피지만, 몸이 쇠약해지면서 점점 힘을 잃고, 마지막 순간까지 노든에게 알

우리 연대할까요?

을 부탁하며 세상을 떠납니다. 노든은 치쿠의 부탁을 받아 알에서 부화한 어린 펭귄과 함께 긴 여정을 이어가며 바다를 향합니다. 그러나 바다로 향하던 중 노든은 또다시 인간에게 위협을 받으며 긴긴밤을 견디는 과정에서 점점 기운을 잃어갑니다. 결국 노든은 어린 펭귄에게 혼자서라도 바다를 찾아야 한다고 당부하고, 어린 펭귄은 노든의 희생과 사랑을 가슴에 새기며 홀로서기❺를 통해 바다를 찾아 나섭니다.

이 작품 속 동물들은 모두 각자 깊은 상처와 고통을 안고 긴긴밤을 견뎌냅니다. 하지만 그들은 서로에게 곁을 내어주고 서로를 품어주었기에 혼자가 아니었습니다. 고통스럽고 험난한 긴긴밤을 버틸 수 있었던 것은 작지만 위대한 연대, '우리'의 힘이었습니다. 『긴긴밤』은 상처받고 힘든 존재들이 서로 기대며 살아가는 연대의 중요성과 생명의 존엄, 삶의 의미를 감각적으로 보여줍니다. 독자는 노든과 어린 펭귄의 여정을 따라가며 역경 속에서도 서로를 지키고 함께 살아가는 존재들의 힘과 아름다움을 느끼게 되며, 긴긴밤 속에서도 희망을 발견할 수 있습니다. 이 작품이 오늘날까지 많은 독자에게 사랑받는 이유는, 서로를 믿고 기대며 살아가는 연대❻와 사랑의 가치, 그리고 삶 속에서 희망을 잃지 않는 마음을 일깨워주기 때문입니다. 또한, 인간과 자연의 공존, 생명의 소중함과 상처를 딛고 살아가는 용기, 그리고 세상에 대한 책임감과 연민을 함께 생각하게 만드는 작품으로, 단순한 동물 이야기 이상의 깊은 울림을 전달합니다. 긴긴밤을 지나며 겪는 상처와 치유, 희망과 연대의 메시지는 독자들의 마음 속에 오래도록 남을 것입니다.

집중

국어공신 선생님의 어휘 다지기!

❶ **여정:** 여행의 과정이나 일정. 예시문 1박 2일의 짧은 여정을 마치다. ❷ **안락하다:** 몸과 마음이 편안하고 즐겁다. 예시문 안락한 가정을 이루다. ❸ **밀렵:** 허가를 받지 않고 몰래 사냥함. 예시문 무분별한 밀렵으로 멧돼지의 수가 줄어들고 있다. ❹ **증오:** 아주 사무치게 미워함. 예시문 그는 나를 증오의 눈길로 쳐다보았다. ❺ **홀로서기:** 다른 것에 매이거나 의존하지 않는 일. 예시문 철수는 홀로서기에 성공하였다. ❻ **연대:** 여럿이 함께 무슨 일을 하거나 함께 책임을 짐. 한 덩어리로 서로 연결되어 있음. 예시문 이 사업은 관련 업체와 연대가 잘 이루어져야만 성공할 수 있다.

비판적 사고 키워 볼까요?

1 다음 내용을 읽고 맞으면 O, 틀리면 X를 선택하세요.

① 흰바위코끼리 노든은 어린 시절 코끼리 고아원에서 코끼리들의 보살핌을 받으며 안락한 생활을 한다. (O, X)

② 노든이 인간을 증오하게 된 이유는 사냥꾼에게 가족을 잃었기 때문이다. (O, X)

③ 치쿠가 돌보던 버려진 알이 부화해 펭귄이 태어나고 노든은 아기 펭귄과 함께 길을 떠난다 (O, X)

2 '노든이 코끼리 무리에서 벗어나 바깥세상으로 나간 이유'는 무엇인가요?

3 '노든이 인간을 증오하고 복수심을 품게 된 이유'는 무엇인가요?

4 다음 단어를 넣어 문장을 만들어보세요.

★ 여정:

★ 안락하다:

★ 연대:

5 이 책의 제목 '긴긴밤은 어떤 의미'일까요? '동물들의 삶과 연관 지어' 적어보세요.

[생각 넓히기]

6 다음 논제 '노든이 인간에 대한 증오와 복수심을 품는 것은 정당한가?'에 대해 찬성과 반대의 의견을 말하고 그 근거를 적어보세요.

[논리력 키우기]

아주 중요한 문제야!

찬성	반대

✱ 국어공신 선생님의 이것만은 꼭!!

한 걸음 더 깊이

행복한 가정을 이루었지만 불의의 사고로 가족을 잃고, 자신과는 전혀 상관없는 코끼리들에게 보호를 받기도 하고 아기 펭귄을 보살피기도 하는, 무리를 이루어 살다가 다시 혼자가 되고, 또다시 새로운 무리를 만드는 노든의 여정은 언제나 선택의 연속인 인간의 삶과 닮아 있기에 더욱 공감할 수밖에 없을 것입니다. 나답게 살아가면서 더불어 살아가는 '우리'의 소중함을 잊지 않는 『긴긴밤』 함께 읽어봅시다.

인문·문학

1주 / 7일

교과 연계: 6-2 국어_1. 작품 속 인물과 나/8. 작품으로 경험하기

악동 제제의 이야기, 『나의 라임 오렌지 나무』

읽기 난이도 좋아요!

[핵심어 체크] □친구 □가족 □우정 □사랑 □성장

『나의 라임 오렌지 나무』는 브라질 국민 작가 J.M. 바스콘셀로스(1920~1984)가 1968년에 발표한 소설로, 어려운 가정에서 학대받으며 자라는 다섯 살 소년 제제가 라임 오렌지 나무를 친구 삼아 대화하고, 자신을 보듬어❶ 주는 뽀르뚜가 아저씨를 만나며 어른으로 성장해 가는 과정을 그린 성장 소설입니다. 제제는 장난기가 심해 사람들에게 '작은 악마'라 불렸습니다. 빨랫줄 끊기, 옆집 과일 나무에서 몰래 과일 따먹기, 스타킹을 뱀처럼 길가에 놓아 사람들을 놀라게 하는 등 온갖 장난을 쳤고, 누나에게 심한 욕을 하며, 아빠를 위해 부른 노래가 선정적❷인 내용을 담아 수시로 매를 맞기도 했습니다. 제제는 욕이나 노래 가사의 뜻을 제대로 알지 못했고, 단지 어른의 말을 따라 했을 뿐입니다. 가족들은 모두 바빴기에 제제가 무엇을 잘못했는지 제대로 알려주지 않았고, 아버지는 잘못하면 무조건 혼을 내며 때렸습니다.

그러나 제제는 속이 깊은 아이였습니다. 크리스마스 선물을 받지 못해도 동생의 선물을 챙기고, 아버지를 위해 구두를 닦고, 가난한 친구와 빵을 나누며, 선생님의 꽃병에 꽃을 채워 넣는 등 하루하루 철이 들어갔습니다. 제제가 성장할 수 있었던 것은 제제를 믿고 사랑으로 감싸준 사람들 덕분이었습니다. 선생님은

이건... 아주 달콤해.

제제가 나쁘다는 주변의 말에도 믿음을 포기하지 않았고, 제제는 그 믿음에 보답하기 위해 공부에도 힘쓰고 장난도 줄이며 점점 성숙해졌습니다.

어느 날 제제는 마음속에 살던 '작은 새'를 날려 보냅니다. 작은 새는 생각이 생기기 전 아이들의 마음속에서 이야기하고 느끼며, 생각이 생기면 필요 없어져 하느님께 돌려보내집니다. 제제에게 또 한 명의 소중한 인물은 뽀르뚜가 아저씨입니다. 처음에는 싫어했지만, 다친 제제를 돌보고 아버지에게 심하게 맞은 후 상처받은 제제를 따뜻하게 감싸며 두 사람은 진정한 친구가 됩니다.

제제는 이사를 하면서 마음을 나누던 박쥐 루씨아누와 헤어지고, 라임 오렌지 나무 밍기뉴를 만나 함께 성장합니다. 하지만 행복도 잠시, 제제가 믿고 의지하며 우정을 나누던 뽀르뚜가가 기차 사고로 세상을 떠나고, 제제는 충격으로 아무것도 먹지 못하며 앓아눕습니다. 이후 어린 나무 밍기뉴가 꽃을 피우며 성장한 모습을 보자, 제제는 밍기뉴와도 이별을 결심합니다. 사랑하는 뽀르뚜가와 밍기뉴와의 이별은 큰 상처였지만, 아팠던 시간만큼 제제는 성장하게 됩니다.

오랜 세월 독자들에게 사랑받아온 『나의 라임 오렌지 나무』의 주인공 제제는 어른들이 지나온 과거이자 어린이들이 겪는 현재를 보여주며, 시대와 세대를 아우르는❸ 고전의 힘과 인간 성장의 의미를 감상하게 합니다. 삶의 아픔과 성장, 사랑과 상실을 담은 이 작품은 우리에게 타인과 자신을 이해하고, 성장의 의미를 깊이 되새기게 해줍니다.

국어공신 선생님의 어휘 다지기!

❶ **보듬다:** 사람이나 동물을 가슴에 붙도록 안다.　예시문 어머니가 아기를 보듬고 젖을 먹인다.
❷ **선정적:** 성적인 욕구를 불러일으키는 것.　예시문 선정적 광고가 주변에 너무 많다.
❸ **아우르다:** 여럿을 모아 하나로 만들다.　예시문 여럿이 돈을 아울러서 선물을 준비했다.

비판적 사고 키워 볼까요?

1 윗글의 내용과 일치하지 않는 것은?

① '작은 악마'라 불릴 정도로 제제는 장난이 심했다.
② 제제는 가난한 환경에서 매를 맞고 자랐다.
③ 제제는 뽀르뚜가 아저씨를 만난 순간부터 그를 믿고 따랐다.
④ 제제의 마음속의 작은 새는 생각을 의미한다.
⑤ 제제는 자신을 사랑하는 선생님과 뽀르뚜가 덕분에 점점 철이 들어간다.

2 '『나의 라임 오렌지 나무』가 성장 소설로 불리는 이유'는 무엇인가요?

3 '제제가 작은 악마라 불렸던 이유'는 무엇인가요?

4 제제가 마음속 '작은 새를 날려 보낸 것은 어떤 의미'를 담고 있나요?

5 제제가 어떻게 '성장'했다고 생각하나요? 본문 내용을 참고해 적어보세요.

[생각 넓히기]

6 다음 논제 '제제가 상상 속 친구(라임 오렌지 나무)와 대화하는 장면은 아이의 정서 발달에 긍정적인 영향을 줄 수 있는가?'에 대해 찬성과 반대의 의견을 말하고 그 근거를 적어보세요.

[논리력 키우기]

아주 중요한 문제야!

찬성	반대

※ 국어공신 선생님의 이것만은 꼭!!

한 걸음 더 깊이

『나의 라임 오렌지 나무』는 꼬마 악동 제제가 자아와 인격을 완성해 가는 슬프고 아름다운 성장 이야기를 담고 있습니다. 제제는 만남과 이별, 기쁨과 슬픔을 겪으며 신체적으로 성장하고 정신적으로 성숙해 갑니다. 그의 모습을 통해 우리는 진정한 성장이란 단순히 나이를 먹는 것이 아니라 마음이 자라고 세상을 이해하며 사랑을 배우는 과정임을 깨닫게 됩니다.

인문·문학

2주 / 1일

교과 연계: 6-2 국어_1. 작품 속 인물과 나/8. 작품으로 경험하기

우리 마음속 영원한 어른 아이, 『모모』

[핵심어 체크] □시간 □경청 □집중 □사랑 □우정

미하엘 엔데(1929~1995)의 『모모』는 시간을 훔치는 도둑과, 그 도둑이 훔쳐 간 시간을 되찾아주는 한 소녀의 기묘한 이야기를 담고 있습니다. 1973년 독일에서 출간된 이 작품은 1974년 독일 청소년 문학상을 수상했고, 이후 전 세계 53개국에서 번역되어 1,200만 부 이상 판매된 베스트셀러❶가 되었습니다. 출간된 지 50여 년이 지난 지금까지도 많은 사랑을 받으며 20세기 문학의 고전❷으로 자리 잡았습니다.

이야기는 어느 도시의 외곽, 옛 원형극장 터에 사는 작고 이상한 아이 모모를 중심으로 전개됩니다. 모모는 특별한 집이나 장난감 없이도 마을 사람들과 소소한❸ 일상을 나누며 행복하게 살아갑니다. 그녀는 가진 것이 없지만, 사람들의 이야기를 진심으로 들어주는 특별한 능력을 지녔습니다. 그러나 평화롭던 일상은 회색 신사들의 등장으로 흔들리기 시작합니다. 이들은 사람들에게서 시간을 빼앗아 가며 삶을 바쁘고 공허하게 만들고, 사람들은 점점 행복과 여유를 잃고 삶의 의미를 잊게 됩니다.

모모는 회색 신사들의 계략❹을 알아차리고, 친구들과 마을 사람들의 잃어버린 시간을 되찾기 위해 나섭니다. 그녀는 시간을 관리하는 호라 박사와 미래를 예측하는 거북 카시오페이아와 함께 모험을 떠납니다. 이 여정 속에서 모모는 시간의 본질과 삶의 의미를 깨닫게 됩니다. 호라 박사는 "모든 사람은 저마다

자신의 시간을 갖고 있거든. 시간은 진짜 주인의 시간일 때만 살아 있지."라고 말하며, 자신의 시간의 주인으로 살아가는 법을 알려줍니다. 그렇게 매 순간을 온전히 느끼고 집중하는 것이 삶을 이루는 방법임을 가르칩니다.

모모에게는 특별한 재능이 있었는데, 바로 경청⁵이었습니다. 그녀는 다른 사람들의 이야기에 온 마음을 다해 귀 기울였고, 충고나 조언 없이 진심으로 상대의 이야기를 들었습니다. 모모에게 이야기를 털어놓은 사람들은 스스로 문제를 이해하고 해결하며 진정한 자신을 찾아갔습니다. 그래서 마을 사람들은 문제가 생길 때마다 "아무튼 모모에게 가 보게!"라고 말하며 그녀를 찾아가 위안을 얻었습니다. 이렇듯 모모는 자신과 타인에게 집중하며 모두의 삶에 긍정적인 영향을 주었습니다.

자신의 시간이 중요하군요!

『모모』는 단순한 동화가 아니라, 현대를 살아가는 우리에게 중요한 메시지를 전합니다. 지금 이 순간, 우리는 시간을 미래를 위한 수단으로만 사용하며 살아가고 있지는 않은지, 길가의 꽃이나 계절의 바람을 느끼는 일을 무의미한 시간 낭비라 여기며 지나치고 있지는 않은지 돌아보게 합니다. 모모의 이야기는 시간에 쫓기는 삶 속에서 잊고 살았던 소중한 가치를 일깨워 주고, 앞으로 우리가 지켜야 할 것이 무엇인지 다시 한번 생각하게 만듭니다. 이 작품은 시간의 진정한 의미와 삶의 본질을 되새기게 하며, 경청과 연대의 힘을 통해 인간다움을 회복할 수 있음을 보여줍니다.

집중

국어공신 선생님의 어휘 다지기!

❶ **베스트셀러:** 어떤 기간에 가장 많이 팔린 물건. 예시문 이 책은 4주간 베스트셀러 자리를 지키고 있다. ❷ **고전:** 오랫동안 많은 사람에게 널리 읽히고 모범이 될 만한 문학이나 예술 작품. 예시문 이 소설은 수세기 동안 고전으로 불리고 있다. ❸ **소소하다:** 작고 대수롭지 아니하다. 예시문 그녀는 소소하지만 행복한 일상에 감사하고 있다. ❹ **계략:** 어떤 일을 이루기 위한 꾀나 수단. 예시문 그들은 뒤에서 계략을 꾸미고 있었다. ❺ **경청:** 귀를 기울여 들음. 예시문 말하기보다 경청하는 자세가 중요하다.

비판적 사고 키워 볼까요?

1 윗글의 내용과 일치하지 않는 것은?

① 모모가 사는 마을에 회색 신사들이 나타나 사람들의 시간을 빼앗아간다.
② 모모는 다른 사람에게 적절한 조언을 잘 해주는 재능을 지니고 있었다.
③ 모모는 사랑하는 친구들의 시간을 되찾아주기 위해 호라 박사의 거북 카시오페이아와 함께 모험을 떠난다.
④ 마을 사람들은 고민이 생기면 모모를 찾아가 문제를 해결한다.
⑤ 호라 박사는 나 자신이 진정한 시간의 주인이 되어야 한다고 말한다.

2 '모모가 살던 평온했던 마을의 일상이 무너진 이유'는 무엇인가요?

3 '모모가 가진 특별한 재능은 무엇'인가요?

4 다음 단어를 넣어 문장을 만들어보세요.

* 소소하다:

* 고전:

* 경청:

5 모모처럼 여러분도 누군가의 이야기를 진심으로 들어준 경험이 있나요? 친구들과 함께 그 경험을 나눠보세요.

생각 넓히기

6 다음 논제 '『모모』는 현대인의 삶을 비판하는 데 성공한 작품이다.'에 대해 찬성과 반대의 의견을 적어보세요.

논리력 키우기

찬성	반대

 국어공신 선생님의 이것만은 꼭!!

『모모』는 인간이 자신의 시간과 마음의 진정한 주인이 되어 주체적으로 살아가야 함을 일깨워주는 책입니다. 반세기 넘게 독자들의 사랑을 받아온 사실은 시대와 세대를 초월하는 힘을 지녔음을 보여줍니다. 기술 발전의 속도만큼 바쁘게 살아가는 현대인들에게 『모모』는 잊지 말아야 할 삶의 가치와 진리를 일깨워주며, 독자가 성장할수록 다르게 읽히는 고전의 힘을 증명합니다.

정치·사회·문화

정치·사회·문화
2주 / 2일

교과 연계: 6-1 사회_1. 우리나라의 정치 발전

민주주의와 민주 정치

[핵심어 체크] □민주주의 □민주정치 □자유 □평등 □존엄성

읽기 난이도 좋아요!

　민주주의란 모든 국민이 스스로 주인이 되어 권리를 갖고, 자유롭고 평등한 입장에서 그 권리를 행사하며, 대화와 토론을 통해 정치 문제를 해결해 나가는 정치 체제를 말합니다. 민주주의 국가에서는 국민이 정치에 참여할 수 있으며, 이는 곧 국민이 나라의 주체가 되어 공동의 문제를 함께 해결해 나간다는 뜻입니다.

　그렇다면 정치란 무엇일까요? 정치는 사람들 사이에서 발생하는 갈등이나 대립을 조정하고, 많은 사람에게 영향을 끼치는 공공의 문제를 해결해가는 활동입니다. 예를 들어 학생 자치회❶, 주민 자치회, 시민 공청회❷, 지방 의회❸ 등은 정치가 우리 일상 속에서 얼마나 보편적이고 합리적인 방식으로 작동하는지를 보여줍니다. 이러한 정치 활동은 사회 구성원들이 서로의 의견을 존중하며 공동체의 방향을 함께 결정해 나가는 과정입니다.

　민주주의는 인간의 존엄성❹을 지키고, 자유롭게 자신의 의사를 표현하며, 모든 사람을 평등하게 대우하는 정신을 바탕으로 합니다. 모든 사람은 태어날 때부터 존엄한 존재이며, 누구나 자유롭게

성숙하게 자신의 의사를 표현하자구요!

말하고 글을 쓸 수 있어야 하며, 정부의 정책을 비판할 권리도 보장받아야 합니다. 동시에 다른 사람의 자유를 침해하지 않도록 배려하며, 모두가 법 앞에서 평등하게 보호받아야 합니다.

민주주의의 기원은 고대 그리스 아테네로 거슬러 올라갑니다. 당시 아테네에서는 '시민'만이 정치에 참여할 수 있었고 여성, 노예, 외국인은 배제되었습니다. 비록 불완전한 형태였지만 아테네의 민주주의는 오늘날 민주주의의 근간이 되었으며, 시민의 정치 참여라는 개념을 처음으로 제시한 중요한 역사적 사례입니다.

▲ 아테네 민주주의 전성기를 만든 페리클레스 장군과 시민들 모습

오늘날 대부분의 나라에서 민주 정치를 실천하고 있으며, 대한민국 역시 오랜 시간 동안 국민의 노력과 희생을 통해 민주주의를 발전시켜 왔습니다. 민주주의는 하루아침에 이루어진 것이 아니라, 국민이 정치에 직접 참여하고 권리를 지키기 위해 끊임없이 애쓴 결과입니다. 수많은 사람들이 자유와 평등, 인간의 존엄성을 지키기 위해 싸워왔고, 그들의 지속적인 노력은 오늘날 우리가 누리는 민주주의의 기반이 되었습니다.

민주 정치란 국민의 자유와 권리를 법으로 보장하고, 모든 국민이 평등하게 법의 보호를 받을 수 있도록 하는 정치입니다. 국민이 주체가 되어 정치에 참여하고, 공동체의 문제를 함께 해결해 나가는 과정 속에서 민주주의는 더욱 단단해지고 발전합니다. 이러한 민주주의의 정신은 앞으로도 우리가 지켜나가야 할 소중한 가치입니다.

국어공신 선생님의 어휘 다지기!

❶ **자치회:** 학교나 민간단체 또는 같은 지역의 주민 등이 자신들의 사회생활을 스스로 운영해 나가기 위해 만든 모임. 예시문 주민들은 자치회 결의를 통해 폐기물 수집 운동을 시작하였다.
❷ **공청회:** 국회나 행정 기관에서 일의 관련자에게 의견을 들어 보는 공개적인 모임. 예시문 이 안건은 이달 말에 있는 공청회에 내겠습니다.
❸ **의회:** 민선 의원으로 구성되고 입법 및 기타 중요한 국가 작용에 참여하는 권능을 가진 기관. 예시문 시 의회는 임시회를 개회했다.
❹ **존엄성:** 감히 범할 수 없는 높고 엄숙한 성질. 예시문 인간의 존엄성을 짓밟다.

비판적 사고 키워 볼까요?

1 다음 내용을 읽고 맞으면 O, 틀리면 X를 선택하세요.

① 민주주의란 모든 국민이 주인의식을 갖고, 자유와 평등을 존중받으며 대화와 토론을 통해 정치 문제를 해결해가는 정치 방식이다. (O, X)
② 민주주의가 추구하는 정신은 인간의 존엄성, 자유와 평등이다. (O, X)
③ 고대 그리스 아테네에서는 모든 시민이 투표권을 가졌다. (O, X)
④ 민주주의는 국민이 직접 정치에 참여할 수 있는 정치 제도이다. (O, X)

2 '민주주의 및 민주 정치'란 무엇인가요?

3 '민주주의 정신'이란 무엇인가요?

4 다음 단어를 넣어 문장을 만들어보세요.

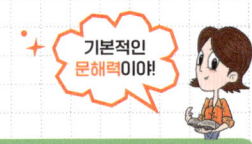

* 자치회:

* 의회:

* 존엄성:

5 '생활 속 민주 정치'에는 어떠한 것들이 있을까요? '두 가지 예'를 들어보세요.

생각
넓히기

6 다음 논제 '민주주의에서는 시민들이 정치에 적극적으로 참여해야 하는가?'에 대해 찬성과 반대의 의견을 말하고 그 근거를 적어보세요.

아주 중요한 문제야!

논리력
키우기

찬성	반대

※ 국어공신 선생님의 이것만은 꼭!!

한 걸음 더 깊이

민주주의는 자신에게 영향을 미치는 문제를 결정할 때 직접 참여할 수 있는 제도이기 때문에 책임감과 의무감을 갖고 실천할 수 있습니다. 민주주의는 결코 혼자서 이루어낼 수 없습니다. 국민 개개인이 나라의 주인이라는 생각을 갖고 내가 누리고 싶은 자유만큼 다른 사람의 자유와 권리도 존중하며 자신에게 주어진 책무를 실천해 나가야 합니다.

2주 / 3일

교과 연계: 6-2 도덕_4. 공정한 생활
6-1 사회_2. 우리나라의 경제 발전

공정무역이란 무엇일까?

[핵심어 체크] ☐토론 ☐토의 ☐협력 ☐배려 ☐경청

읽기 난이도 좋아요!

공정무역(公正貿易)은 생산자와 노동자, 소비자가 합리적이고 공정하게 물품을 거래하는 것을 말합니다. 즉, 생산자에게는 정당한 대가를 지급하고, 소비자에게는 믿을 수 있는 제품을 제공하는 거래 방식입니다. 공정무역은 1950년대 영국의 국제 구호 단체 '옥스팜(Oxfam)'이 중국 난민들이 만든 수공예품❶을 판매하면서 시작되었습니다. 이후 1960년대에는 여러 단체들이 조직되어 본격적인 활동이 이루어졌고, 1980년대에는 공정무역 인증 라벨이 생기면서 전 세계로 확산되었습니다. 그 결과 미국과 유럽을 중심으로 영향력이 커졌으며, 우리나라에서도 2000년대에 들어 공정무역에 대한 관심이 높아졌습니다.

대표적인 공정무역 제품으로는 커피, 코코아, 쌀, 차, 설탕, 과일 등의 식료품과 의류, 수공예품, 침구류, 목재, 인형 등이 있습니다. 특히 우리가 자주 먹는 초콜릿의 주원료인 카카오는 대부분 코트디부아르, 가나, 나이지리아 등 아프리카 지역에서 생산됩니다. 그러나 카카오 농장의 현실은 매우 열악합니다. 카카오 열매를 따는 일은 주로 어린이들이 담당하고 있으며, 그들은 혹독한❷ 노동을 하고도 아주 적은 임금을 받습니다. 이들 중 절반 이상은 학교에 다니지 못하고 대부분 14세 미만의

합리적이고 공정한 물품 거래 방식이야!

아동입니다. 또한 카카오 농장주들도 낮은 거래 가격으로 인해 피해를 보고 있습니다. 결국 이익을 얻는 것은 카카오를 싼 값에 사들여 초콜릿을 만드는 대기업입니다. 이러한 불공정한 무역 구조를 바로잡기 위해 공정무역이 시작되었습니다.

공정무역에는 몇 가지 중요한 원칙이 있습니다. 첫째, 경제적으로 소외된 생산자들에게 기회를 제공합니다. 취약한 농민이나 노동자들과 거래하여 그들이 빈곤에서 벗어나 자립할 수 있도록 돕습니다. 둘째, 투명성과 책무성[3]을 보장합니다. 공정무역 단체는 이해관계자에게 정보를 공개하고, 생산자와 노동자가 의사 결정에 참여하도록 합니다. 셋째, 공정한 무역 관행[4]을 유지합니다. 이윤만을 추구하지 않고 생산자의 사회적·경제적 상황을 고려하여 신뢰를 쌓습니다. 넷째, 공정한 가격을 지불합니다. 시장의 불안정성과 현지 생활 임금을 고려해 생산자에게 정당한 대가를 지급합니다. 다섯째, 아동 노동과 강제 노동을 금지합니다. 유엔 아동권리협약과 지역 법규를 준수하며, 아동의 권리가 침해되지 않도록 감독합니다.

이렇듯 공정무역은 생산자에게는 노동의 가치를 인정받는 기회를, 소비자에게는 윤리적이고 품질 좋은 제품을 제공하는 상생의 무역입니다. 우리 모두가 공정무역 제품을 선택한다면 세상은 조금 더 따뜻하고 정의로워질 것입니다.

국어공신 선생님의 어휘 다지기!

① **수공예품:** 손으로 직접 만든 수예 물품과 공예 물품. 예시문 이 카펫은 수공예품이라 비싸다.
② **혹독하다:** 몹시 심하다. 예시문 그해 겨울의 추위는 너무도 혹독했다.
③ **책무성:** 책임이나 의무를 지려는 성질이나 태도. 예시문 모든 구성원이 자신의 조직에 대한 책무성을 가지고 있다면 얼마나 좋을까?
④ **관행:** 오래전부터 해 오는 대로 함. 예시문 기업마다 관행이 다소 다르다.

비판적 사고 키워 볼까요?

1 다음 내용을 읽고 맞으면 O, 틀리면 X를 선택하세요.

 꼼꼼히 읽기

① 공정무역은 생산자에게는 노동에 정당한 대가를 지불하면서 동시에 소비자에게는 질 좋고 신뢰할 수 있는 제품을 공급하기 위해 서로 협력하는 것이다. (O, X)
② 공정무역은 1950년대 영국의 국제 구호 단체인 '옥스팜(Oxfam)'에서 중국 난민들이 만든 수공예품을 팔면서 시작됐다. (O, X)
③ 초콜릿의 주원료인 카카오는 대부분 유럽에서 생산된다. (O, X)

2 '공정무역'이란 무엇인가요?   *개념 이해*

 이해력 넓히기

3 '공정무역 제품에는 어떤 것'들이 있나요?

이해력 넓히기

4 다음 단어를 넣어 문장을 만들어보세요.   *기본적인 문해력이야!*

어휘 익히기

* 혹독하다:

* 책무성:

* 관행:

5 공정무역의 필요성과 그 사회적 의미에 대해 설명하고, 우리가 공정무역 제품을 선택함으로써 기대할 수 있는 긍정적 변화에 대해 적어보세요.

6 다음 논제 '공정무역은 꼭 필요하다.'에 대해 찬성과 반대의 의견을 말하고 그 근거를 적어보세요.

찬성	반대

✱ 국어공신 선생님의 **이것만은 꼭!!**

지문에 제시된 공정무역 원칙 외에도 차별 금지, 성 평등, 결사의 자유 보장, 양호한 노동 조건 보장, 생산자 역량 강화 지원, 공정무역 홍보, 기후 변화와 환경 보호 등의 원칙이 있습니다. 생산자와 노동자, 소비자를 보호하고 서로 건강한 거래를 할 수 있도록 기업은 이러한 원칙들을 준수하고, 앞으로도 공정무역 원칙을 지속적으로 보완해 나가야 할 것입니다.

2주 / 4일

교과 연계: 5-1 사회_2. 인권 존중과 정의로운 사회

청소년 범죄, 처벌을 강화해야 할까?

[핵심어 체크] ☐범법소년 ☐촉법소년 ☐처벌 ☐교화

소년법에서는 '19세 미만의 자'를 소년으로 규정하며, 소년범은 연령에 따라 범법❶소년(만 10세 미만), 촉법소년❷(만 10세 이상~14세 미만), 범죄소년(만 14세 이상~19세 미만)으로 구분됩니다. 이 중 만 10세 미만의 범법소년은 너무 어려 책임능력이 없다고 보기 때문에, 범법 행위를 저질러도 어떠한 법적 처벌도 받지 않습니다. 반면 촉법소년은 형벌을 받을 만한 범법 행위를 하더라도 형사처벌 대신 '보호처분'을 받게 됩니다. 형법 제9조는 "14세가 되지 아니한 자의 행위는 벌하지 아니한다"고 규정하고 있으며, 이는 이들이 형사책임능력이 없는 미성숙한 존재이기 때문입니다. 따라서 이들이 법을 어겨도 형사처벌을 받지 않고, 가정법원의 결정에 따라 소년원에 보내지거나 보호관찰 등의 조치를 받을 수 있습니다.

촉법소년은 '소년법'에 따라 소년보호재판을 받게 되며, 이를 통해 보호처분이 내려집니다. 보호처분은 여러 형태로 이루어집니다. 보호자 또는 보호자를 대신할 수 있는 사람에게 감호❸ 위탁을 하거나, 수강명령 및 사회봉사

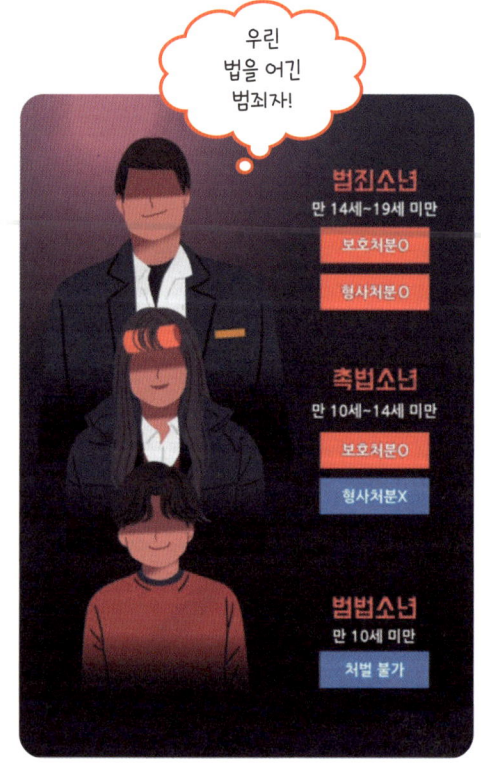

명령을 내릴 수 있습니다. 또, 아동복지시설이나 소년 보호시설에 위탁될 수도 있고, 행위의 정도가 심할 경우 단기 또는 장기 소년원 송치❹ 처분을 받게 됩니다. 이러한 조치는 처벌이 아닌 교육과 교화의 의미를 가지며, 장래 신상기록에 남지 않습니다. 즉, 처벌보다는 재사회화를 목적으로 한 제도입니다.

하지만 최근 들어 청소년 범죄의 저연령화와 흉포화가 심각한 사회 문제로 떠오르고 있습니다. 단순 절도나 학교 폭력을 넘어 성폭력, 강도, 살인 등 강력 범죄가 증가하고 있으며, 일부 청소년들은 "나는 촉법소년이니까 처벌받지 않는다"고 말하며 법의 허점을 이용하기도 합니다. 이로 인해 피해자와 가족의 고통이 커지고, 국민들은 소년법의 실효성에 대해 의문을 제기하고 있습니다.

이에 따라 처벌 연령을 낮추고 처벌을 강화해야 한다는 목소리가 커지고 있습니다. 청소년이라도 중대한 범죄를 저질렀다면 마땅히 책임을 져야 한다는 주장입니다. 이는 법의 경각심을 일깨우고 범죄 예방 효과를 기대할 수 있다는 점에서 지지를 받습니다. 그러나 반대 측은 청소년은 여전히 신체적·정신적으로 미성숙하므로 처벌보다 교화와 교육이 우선되어야 한다고 주장합니다. 단순히 연령을 낮추는 것은 근본적인 해결책이 아니며, 가정과 학교, 사회가 함께 청소년의 인성과 도덕성을 길러야 한다는 입장입니다.

결국 청소년 범죄 문제는 단순히 처벌 강화나 완화의 문제가 아니라, 책임과 보호의 균형을 어떻게 맞출 것인가의 문제입니다. 청소년의 일탈을 줄이기 위해서는 법적 제도 개선과 함께 가정의 관심, 인성 교육, 사회의 지원이 병행되어야 할 것입니다.

국어공신 선생님의 어휘 다지기!

❶ **범법**: 법을 어김. 예시문 범법 행위를 저지른 사람은 법의 심판을 받을 것이다.
❷ **촉법 소년**: 형법 법령에 저촉되는 행위를 한 만 10세 이상 14세 미만의 소년을 의미한다.
  예시문 무서운 촉법소년, 2년 새 27% 늘어났다.
❸ **감호**: 감독하고 보호함. 예시문 그는 교도소 감호 경찰이다.
❹ **송치**: 수사 기관에서 검찰청으로, 또는 한 검찰청에서 다른 검찰청으로 피의자와 서류를 넘겨 보내는 일. 예시문 경찰은 사건의 검찰 송치와 함께 수사 결과 발표문을 언론 기관에 돌렸다.

비판적 사고 키워 볼까요?

1 윗글의 내용과 일치하지 않는 것은?

① 범법소년은 나이가 너무 어리기 때문에 범법행위 시 어떠한 처벌도 받지 않는다.
② 소년법에서는 '19세 미만의 자'를 소년으로 규정하고 있다.
③ 보호처분을 받은 청소년은 취업할 때 불이익을 받지 않는다.
④ 촉법소년은 형사처벌을 받지 않는다.
⑤ 법을 어긴 12세 청소년은 어떠한 처벌도 받지 않는다.

2 '촉법소년'이란 무엇인가요?

3 '보호처분'이란 무엇인가요?

4 <보기>에서 알맞은 단어를 찾아 괄호 안에 넣어보세요.

보기 ㉠송치 ㉡감호 ㉢수위 ㉣위탁 ㉤범법 ㉥저촉 ㉦신상

① 남에게 사물이나 사람의 책임을 맡김. (　　)
② 한 사람의 몸이나 처신, 또는 그의 주변에 관한 일이나 형편. (　　)
③ 어떤 일이 진행되는 정도를 비유적으로 이르는 말. (　　)
④ 법을 어김. (　　)
⑤ 감독하고 보호함. (　　)

5 '청소년 범죄가 늘어나는 이유'는 무엇일까요? 여러분의 의견을 적어보세요.

생각 넓히기

6 다음 논제 '촉법소년의 연령을 낮춰야 한다.'에 대해 찬성과 반대의 의견을 말하고 그 근거를 적어보세요.

논리력 키우기

찬성	반대

 국어공신 선생님의 이것만은 꼭!!

청소년 범죄가 늘어나자 2022년 법무부는 촉법소년 기준을 14세 미만에서 13세 미만으로 낮추는 법 개정안을 발표했습니다. 처벌이 약해 청소년들이 법을 얕본다는 이유에서입니다. 그러나 처벌 강화가 범죄를 줄이지는 않는다는 의견도 많습니다. 미래의 주역인 청소년을 처벌보다 보호와 교육으로 올바르게 이끌어야 한다는 목소리도 커지고 있으며 논란은 계속될 전망입니다.

교과 연계: 5-1 사회_2. 인권 존중과 정의로운 사회

정당방위, 필요할까?

[핵심어 체크] ☐정당방위 ☐가해자 ☐방어자 ☐보호장치 ☐범죄예방

읽기 난이도 좋아요!

　정당방위란 형법 제21조에 따라 자신이나 타인에게 가해지는 급박하고 부당한 침해를 막기 위해 불가피하게 취한 가해 행위에 대해 처벌하지 않는 제도를 말합니다. 즉, 정당방위는 타인의 부당한 공격으로부터 자신을 보호하기 위한 최소한의 방어❶ 행위입니다. 그러나 우리나라에서는 정당방위의 기준이 명확하지 않아, 방어자가 오히려 가해자로 몰리는 등 불리하게 작용하는 경우가 많아 논란이 계속되고 있습니다.

　정당방위를 찬성하는 입장에서는 이 제도가 개인의 생명과 신체, 재산, 권리를 보호하기 위한 필수적인 법적 장치라고 주장합니다. 사람은 누구나 부당한 침해를 받았을 때 자신을 지킬 권리가 있으며, 정당방위는 그 권리를 법적으로 인정해주는 제도이기 때문입니다. 만약 누군가의 공격을 받았음에도 이를 방어할 권리가 없다면, 국민은 범죄나 폭력에 무방비로 노출될 수밖에 없습니다. 따라서 정당방위는 국민의 안전과 기본권을 지키기 위한 중요한 제도라고 할 수 있습니다. 또한 정당방위 제도가 제대로 인정되면, 가해자가 자신의 행동으로 인한 불이익을 의식하여 범죄를 저지르기 전 한 번 더 재고❷할 여지❸가 생깁니다. 이런 점에서 정당방위는 단순한 자기방어 수단을 넘어 범죄 예방에도 기여할 수 있습니다.

　반면에 정당방위를 반대하거나 신중하게 다뤄야 한다는 입장도 존재합니다. 이들

정당 방위는 최소한의 방어야!

은 정당방위가 인정되면 사람들이 자신의 폭력 행위를 합리화하는 수단으로 이를 무분별하게 남용❹할 위험이 크다고 주장합니다. 사소한 말다툼이나 단순한 충돌 상황에서도 "정당방위였다"고 주장하며 물리적 폭력을 행사한다면, 사회 전반에 폭력이 만연하게 되고 악순환❺이 반복될 수 있습니다. 결국 이러한 상황은 사회의 질서를 무너뜨리고, 국민 간의 신뢰를 약화시켜 불안한 사회 분위기를 조성할 수 있습니다.

　또한 정당방위의 기준이 모호하다는 점도 큰 문제로 지적됩니다. '어디까지가 정당한 방어이고, 어디서부터 과잉방위인가'를 판단하기가 쉽지 않기 때문입니다. 예를 들어, 상대가 맨손으로 위협했는데 흉기를 사용해 대응했다면 과잉방위로 간주될 수 있습니다. 하지만 실제 상황에서는 두려움과 긴박함 속에서 냉정한 판단을 내리기 어렵습니다. 이처럼 기준이 불명확하면 방어자가 정당한 이유로 행동했음에도 법적 처벌을 받을 위험이 있습니다.

　이렇듯 정당방위 제도는 개인의 생명과 권리를 보호하는 소중한 법적 장치이지만, 남용될 경우 사회의 법질서를 위협할 수 있습니다. 따라서 정당방위를 인정하되, 그 적용에는 명확하고 엄격한 기준이 필요합니다. 침해의 정도와 방어 행위의 비례성, 긴급성 등을 면밀히 따져 공정하게 판단해야 하며, 국민이 정당방위의 올바른 의미와 한계를 이해하도록 교육하는 것도 중요합니다. 정당방위가 올바르게 적용될 때, 국민은 부당한 침해로부터 자신과 타인을 지킬 수 있고, 동시에 사회의 정의와 질서를 유지할 수 있을 것입니다. 이는 개인의 권리 보호와 공동체의 안전을 동시에 실현하는 균형 있는 법적 장치로서, 앞으로도 지속적인 논의와 제도 개선이 필요합니다.

국어공신 선생님의 어휘 다지기!

❶ **방어**: 상대편의 공격으로부터 스스로를 지킴. 예시문 적의 공격을 방어만 해서는 이길 수 없다.
❷ **재고**: 다시 되돌아봄. 예시문 그 일의 결과는 너무나 뻔하므로 재고의 여지도 없다. ❸ **여지**: 어떤 일을 하거나 어떤 일이 일어날 가능성이나 희망. 예시문 우리에게는 선택의 여지가 남아 있지 않다. ❹ **남용**: 권리나 권한 따위를 본래의 목적이나 범위를 벗어나 함부로 행사함. 예시문 권력의 남용과 부정을 막을 수 있는 제도적 장치가 필요하다. ❺ **악순환**: 나쁜 현상이 끊임없이 되풀이됨. 예시문 빈곤의 악순환이 거듭되다.

비판적 사고 키워 볼까요?

1 윗글의 내용과 일치하지 않는 것은?

① 정당방위란 자신 또는 타인에게 가해지는 급박하고 부당한 침해를 막기 위해 침해자에게 취하는 가해 행위에 대해 처벌하지 않는 제도이다.
② 우리나라는 정당방위의 기준이 비교적 명확하기 때문에 논란의 여지가 거의 없다.
③ 정당방위를 찬성하는 입장 측은 정당방위가 범죄 예방에 기여한다고 보고 있다.
④ 정당방위를 반대하는 입장 측은 정당방위의 남용을 우려하고 있다.
⑤ 올바른 정당방위를 제도를 시행하기 위해서는 엄격한 기준이 필요하다.

2 '정당방위'란 무엇인가요?

3 '정당방위를 찬성하는 입장의 근거와 반대하는 입장의 근거'는 무엇인가요?

4 다음 단어를 넣어 문장을 만들어보세요.

★ 재고:

★ 남용:

★ 악순환:

5 정당방위를 잘못 사용하면 어떤 문제가 생길 수 있을까요? 그리고 그런 일을 막기 위해 우리가 할 수 있는 일은 무엇이 있을까요?

 6 다음 논제 '정당방위는 필요하다.'에 대해 찬성과 반대의 의견을 말하고 그 근거를 적어보세요.

찬성	반대

※ 국어공신 선생님의 **이것만은 꼭!!**

우리나라는 경찰이 가해자를 진압하는 과정에서 총기 사용에 대해 정당방위를 인정한 사례가 매우 드뭅니다. 흉기 공격 등 급박한 상황에서도 총기 사용은 신중해야 하며, 실제로 경찰이 위협을 받아도 정당방위로 인정되지 않는 경우가 많습니다. 정당방위는 법익을 보호하기 위한 최소한의 방어 행위로, 남용 시 사회 불안과 혼란을 초래할 수 있으므로 기준을 더욱 명확히 적용해야 합니다.

2주 / 6일   정치·사회·문화

교과 연계: 5-1 사회_2. 인권 존중과 정의로운 사회

사형제도, 폐지해야 할까?

【핵심어 체크】 □사형제 □인권 □처벌 □교화 □인간존엄성

읽기 난이도 좋아요!

 사형은 사람의 생명을 빼앗는 가장 무거운 형벌로, 우리나라는 현재 다른 사람의 생명을 빼앗은 범죄자에게 사형을 선고할 수 있습니다. 그러나 실제로 사형이 집행된 것은 1997년 12월 30일이 마지막으로, 김대중 정부 출범 이후 약 30년 동안 단 한 건의 사형 집행도 이루어지지 않았습니다. 따라서 우리나라는 법적으로는 사형 제도를 인정하지만, 실제로는 집행하지 않는 '실질적 사형 폐지국'으로 분류되고 있습니다. 이는 사형이 가지는 윤리적·사회적 논란과 국가가 생명을 빼앗는 것에 대한 신중한 태도 때문입니다.

 하지만 유영철 연쇄살인 사건, 안양 초등학생 납치 살해 사건, 조두순 사건 등 극악무도한 강력 범죄들이 잇따라 발생하면서, 국민들 사이에서는 사형을 다시 집행해야 한다는 여론이 커지고 있습니다. 피해자 가족들의 고통과 사회의 불안감을 고려할 때, 범죄자에게 엄정한 처벌을 내려야 한다는 의견이 강하게 제기되고 있습니다. 사형 제도를 유지해야 한다는 사람들은 "한 생명을 빼앗은 자는 그 대가를 자신의 생명으로 치러야 한다"고 주장합니다. 사형은 피해자의 억울함을 풀고 정의를 바로 세우는 역할을 하며, 범죄자들에게 두려움을 주어 범죄를 미리 예방할 수 있다는 점에서 꼭 필

요하다고 말합니다. 즉, 사형 제도는 사회 질서 유지와 공정한 법 집행을 위한 필수적인 장치로 보는 것입니다.

　반면, 사형 제도를 폐지하자는 사람들은 인간의 생명은 그 어떤 이유로도 침해될 수 없는 고귀한 가치이므로 국가가 이를 빼앗을 권리는 없다고 주장합니다. 이들은 형벌의 목적은 처벌이 아닌 교화❷라고 강조하며, 사형은 범죄자가 자신의 잘못을 반성하고 새사람으로 거듭날❸ 기회를 영원히 박탈하는 잔인한 제도라고 말합니다. 또한 사형이 집행된 이후 나중에 무죄가 밝혀진다면 되돌릴 수 없는 비극이 발생하기 때문에, 사형은 결코 완전한 정의를 실현하는 수단이 될 수 없다고 주장합니다. 이런 이유로 여러 인권❹ 단체와 종교 단체에서는 여전히 사형제 폐지를 고수❺하고 있습니다.

　결국 사형 제도를 둘러싼 논쟁은 인간의 생명권 존중과 사회 정의 실현이라는 두 가치가 맞서는 문제입니다. 사형 폐지론자들은 헌법이 보장하는 기본권인 생명권을 지켜야 한다고 강조하고, 사형 유지론자들은 흉악 범죄를 예방하고 피해자의 고통을 위로하기 위해 사형이 필요하다고 주장합니다. 이처럼 사형 제도에 대한 찬반 논쟁은 오랫동안 이어져 왔으며, 쉽게 결론내기 어려운 주제입니다. 사형을 폐지하든 유지하든 중요한 것은 국민의 생명과 사회의 정의를 함께 지킬 수 있는 제도를 마련하는 일입니다. 앞으로 우리 사회는 생명 존중과 정의 실현 사이의 균형점을 찾으며, 사형 제도의 방향을 신중히 결정해야 할 것입니다. 사형은 단순한 형벌을 넘어 국가의 윤리적 책임과 인간 존엄성에 대한 깊은 고민을 요구하는 제도입니다.

국어공신 선생님의 어휘 다지기!

❶ **극악무도:** 더할 나위 없이 악하고 도리에 완전히 어긋나 있음.　예시문　연쇄 살인범의 수법은 아주 잔인하고 극악무도했다.
❷ **교화:** 가르치고 이끌어서 좋은 방향으로 나아가게 함.　예시문　불량소년의 교화를 위해 애쓰다.
❸ **거듭나다:** 지금까지의 방식이나 태도를 버리고 새롭게 시작하다.　예시문　오래된 공장이 예술가들의 작업 공간으로 거듭났다.
❹ **인권:** 인간으로서 당연히 가지는 기본적 권리.　예시문　인권을 존중하다.
❺ **고수:** 차지한 물건이나 형세 따위를 굳게 지킴.　예시문　우리 목표는 강경 노선 고수이다.

비판적 사고 키워 볼까요?

1 다음 내용을 읽고 맞으면 O, 틀리면 X를 선택하세요.

① 현재 우리나라는 김대중 정부 출범 이후로 사형 제도가 폐지되어 '실질적 사형 폐지국'으로 분류되고 있다. (O, X)
② 종교 단체와 인권 단체에서는 사람의 생명을 중시해야 한다는 입장을 내세우며 사형 제도의 폐지를 주장하고 있다. (O, X)
③ 사형 제도를 폐지하자는 사람들은 인간의 기본권인 생명권을 존중하고 지켜야 한다는 입장을 보이고 있다. (O, X)

2 '현재 우리나라의 사형 제도'는 어떻게 시행되고 있나요?

3 '사형 제도를 찬성하는 입장의 근거와 반대하는 입장의 근거'는 무엇인가요?

4 <보기>에서 알맞은 단어를 찾아 괄호 안에 넣어보세요.

보기   ㉠고수 ㉡극악무도 ㉢인권 ㉣거듭나다 ㉤교화

① 차지한 물건이나 형세 따위를 굳게 지킴. (   )
② 지금까지의 방식이나 태도를 버리고 새롭게 시작하다. (   )
③ 가르치고 이끌어서 좋은 방향으로 나아가게 함. (   )
④ 더할 나위 없이 악하고 도리에 완전히 어긋나 있음. (   )
⑤ 인간으로서 당연히 가지는 기본적 권리. (   )

5 사형 제도에 대해 사람들이 서로 다른 의견을 갖는 이유는 무엇인가요?

[생각 넓히기]

6 다음 논제 '사형 제도를 폐지해야 한다.'대해 찬성과 반대의 의견을 말하고 그 근거를 적어보세요.

[논리력 키우기]

아주 중요한 문제야!

찬성	반대

※ 국어공신 선생님의 이것만은 꼭!!

한 걸음 더 깊이

사형 제도는 법정 최고형으로 오래전부터 시행되어온 제도입니다. 기원전 18세기 함무라비 법전에 따르면 '눈에는 눈, 이에는 이'라는 사상을 근거로 당시에도 사형 제도가 존재하였습니다. 또한 우리나라 최초의 국가인 고조선의 8조법에 "사람을 살해한 자는 죽음으로 갚는다."라는 조항이 있어 오래전부터 사형 제도가 실시되었다는 것을 알 수 있습니다.

교과 연계: 5-1 사회_2. 인권 존중과 정의로운 사회

안락사, 허용해야 할까?

[핵심어 체크] ☐안락사 ☐존엄사 ☐생명존중 ☐인간존엄성 ☐인권

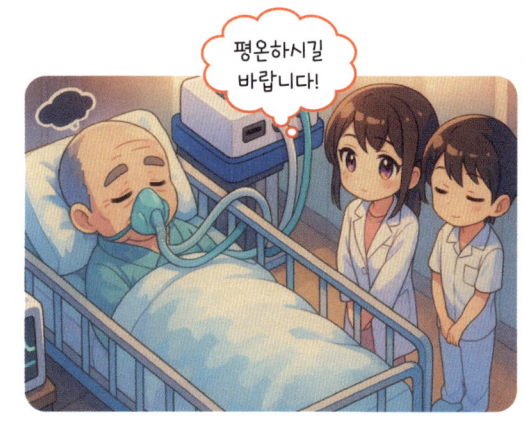

읽기 난이도 좋아요!

평온하시길 바랍니다!

안락사(安樂死)란 **극심한**❶ 고통에 시달리는 사람의 생명을 인위적으로 **단축**❷시켜 고통에서 벗어나게 하는 행위를 말합니다. 즉, 회복이 불가능한 환자가 인간으로서의 존엄을 지키며 고통 없이 생을 마감하도록 돕는 것입니다. 안락사와 비슷한 개념으로 '존엄사(尊嚴死)'가 있는데, 두 용어에는 차이가 있습니다. 안락사는 생명을 적극적으로 단축시키는 행위인 반면, 존엄사는 인공호흡기나 약물 치료 등 연명 치료를 중단해 자연스럽게 죽음을 맞게 하는 소극적 행위입니다.

현재 우리나라에서는 안락사가 법적으로 허용되지 않습니다. 그러니 '연명의료결정제도'를 통해 치료 중단을 선택할 수 있는 소극적 안락사, 즉 존엄사는 일부 인정되고 있습니다. 이는 임종을 앞둔 환자가 무의미한 연명 치료로 고통받지 않도록 자신의 삶의 마지막을 스스로 결정할 수 있게 하는 제도입니다. 반면, 약물을 투여해 생명을 단축시키는 적극적 안락사는 현행법상 불법으로 간주됩니다.

안락사를 합법화한 국가는 네덜란드, 벨기에, 룩셈부르크, 스위스, 캐나다 등이 있으며, 미국의 일부 주에서도 허용하고 있습니다. 이들 국가는 안락사를 허용하되 매우 엄격한 절차와 기준을 적용합니다. 환자의 상태가 의학적으로 회복 불가능해야 하며, 본인의 명확한 동의와 두 명 이상의 의사의 판단이 필요합니다. 이는 남용이나 오용을 방지하기 위한 장치입니다.

안락사 허용을 찬성하는 사람들은 개인의 자기 결정권을 존중해야 한다고 주장합니다. 인간은 자신의 생명과 죽음을 스스로 선택할 권리가 있으며, 극심한 고통 속에서 억지로 생명을 연장하는 것은 비인도적이라는 입장입니다. 또한 환자와 가족의 정신적, 경제적 부담을 줄이고, 의료 자원을 효율적으로 활용할 수 있다는 점에서도 찬성 의견이 나옵니다. 찬성론자들은 안락사를 "인간답게 죽을 권리"라고 보며, 생명의 질을 중시합니다.

반면 반대하는 입장에서는 안락사가 인간의 생명 존엄성❸을 훼손한다고 주장합니다. 생명은 어떤 이유로도 인위적으로 단축시켜서는 안 되며, 인간이 죽음을 결정할 권리를 가지면 생명을 경시❹하는 풍조❺가 확산될 수 있다고 우려합니다. 또한 의사의 역할은 생명을 살리는 것인데, 안락사는 의료 윤리에 어긋난다는 비판도 있습니다. 특히 종교계에서는 생명은 신이 준 것이므로 인간이 스스로 포기할 수 없다고 주장하며 강하게 반대합니다.

이처럼 안락사 문제는 단순히 생명 연장과 중단의 선택을 넘어, 인간의 존엄과 도덕, 사회의 가치관이 얽혀 있는 복잡한 문제입니다. 안락사를 허용할지 여부는 법적 판단뿐 아니라 국민의 윤리의식, 종교적 신념, 의료의 책임 등과 밀접하게 관련되어 있습니다. 따라서 안락사 허용의 합법화는 단순한 찬반의 문제가 아니라, 깊은 사회적 논의와 신중한 접근이 필요합니다. 앞으로 우리 사회는 생명의 존엄을 지키면서도 고통받는 이들의 권리를 어떻게 보장할지에 대해 지속적으로 고민하고, 사회적 합의를 통해 균형 있는 제도를 마련해 나가야 할 것입니다.

국어공신 선생님의 어휘 다지기!

❶ **극심하다**: 매우 심하다. 예시문 가뭄 피해가 극심하다.
❷ **단축**: 시간이나 거리 따위가 짧게 줄어듦. 예시문 오늘은 단축 수업이라 수업을 일찍 마친다.
❸ **존엄성**: 범할 수 없이 높고 엄숙한 성질. 예시문 인간의 존엄성을 짓밟다.
❹ **경시**: 대수롭지 않게 보거나 업신여김. 예시문 여전히 민간 신앙에 대한 경시 현상이 남아 있다.
❺ **풍조**: 시대에 따라 변하는 세태. 예시문 사회 전반의 사치 풍조에 대해 걱정하는 목소리가 높다.

비판적 사고 키워 볼까요?

1 다음 내용을 읽고 맞으면 O, 틀리면 X를 선택하세요.

① 안락사는 극심한 고통에 시달리는 사람들의 생명을 인위적으로 단축시킴으로써 고통에서 해방되도록 죽음을 허용하는 행위이다. (O, X)

② 한국을 비롯한 네덜란드, 룩셈부르크, 벨기에 등에서 안락사를 허용하고 있다. (O, X)

③ 안락사를 찬성하는 입장의 근거는 개인의 자유와 자기 결정권을 존중해야 한다는 것이다. (O, X)

2 '안락사'란 무엇인가요?

개념 이해

3 '안락사와 존엄사의 차이'는 무엇인가요?

4 다음 단어를 넣어 문장을 만들어보세요.

기본적인 문해력이야!

- 존엄성:
- 경시:
- 풍조:

5 우리나라에서 현재 법적으로 허용되는 안락사의 형태는 무엇이며, 그 제도적 기반은 무엇인지 적어보세요.

생각 넓히기

6 다음 논제 '안락사를 허용해야 한다.'대해 찬성과 반대의 의견을 말하고 그 근거를 적어보세요.

논리력 키우기

찬성	반대

 국어공신 선생님의 이것만은 꼭!!

고령화로 인해 만성 질환으로 고통받는 노인 인구가 증가하면서, 한국에서도 존엄사를 넘어 안락사 합법화에 대한 논의가 시작되고 있습니다. 그러나 안락사는 윤리적·종교적 문제와 의료 시스템 등 다양한 측면에서 사회적 합의가 필요한 민감한 사안입니다. 찬반이 첨예하게 대립하는 만큼, 신중하고 깊이 있는 논의가 지속적으로 이루어져야 합니다.

3주 / 1일

교과 연계: 5-1 사회_인권 존중과 정의로운 사회

노키즈존, 과연 필요할까?

[핵심어 체크] □노키즈존 □차별 □자유 □평등 □인권

읽기 난이도 좋아요!

여긴 노키즈존이야!

'노키즈존(No Kids Zone)'이란 식당이나 카페 등에서 아동의 출입을 제한하는 공간을 말합니다. 명확한 연령 기준은 없지만, 일반적으로 영유아 및 초등학생 이하가 대상입니다. 몇 년 전 한 음식점에서 뜨거운 음식에 화상을 입은 아이의 배상❶ 문제로 논란이 된 이후, 노키즈존을 운영하는 매장이 증가했습니다. 그렇다면 노키즈존은 과연 필요한 공간일까요?

노키즈존에 찬성하는 입장은 크게 세 가지입니다. 첫째는 아이들의 안전 문제입니다. 음식점은 뜨거운 음식과 위험한 식기류가 많은 공간으로, 아이들이 부주의하게 행동할 경우 사고가 발생할 수 있습니다. 실제로 이러한 사고는 빈번하게 일어나며, 아이들의 안전을 위해 출입 제한이 필요하다는 주장입니다.

둘째는 점주❷의 영업 자유와 고객 만족입니다. 점주는 영리❸를 추구해야 하며, 고객들의 불편을 최소화하는 것이 중요합니다. 아이들이 시끄럽게 떠들거나 뛰어다니면 다른 고객들의 불만이 생기고, 이는 클레임❹이나 매장 평점 하락으로 이어질 수 있습니다. 조용한 분위기를 원하는 손님들에게는 큰 불편함이 될 수 있습니다.

셋째는 점주의 법적 책임 문제입니다. 아이가 매장에서 다쳤을 경우, 점주가 손해배상 책임을 질 수 있어 부담이 큽니다. 실제로 화상 사고 이후 점주에게 배상 책임을 묻는 판결이 있었고, 이는 많은 자영업자들에게 경각심을 불러일으켰습니다. 이러한 상황을 예방하기 위해 노키즈존을 운영하는 것은 점주의 자기 보호 수단으로 이해될 수 있습니다.

▲ 여의도 국회 앞에서 아동·청소년 인권단체가 노키즈존 등 차별 금지를 위한 법 제정을 촉구하는 기자회견을 열었다.

반면, 노키즈존에 반대하는 입장도 분명 존재합니다. 첫째는 차별 문제입니다. 노키즈존은 아이들에 대한 명백한 차별이라는 주장입니다. 모든 아이들이 문제를 일으키는 것은 아니며, 단순히 나이만으로 출입을 제한하는 것은 부당한 일반화입니다.

둘째는 배제 문화 확산에 대한 우려입니다. 노키즈존이 정당화되면 노노인존, 노장애인존 등 특정 집단을 배제하는 문화가 확산될 수 있다는 지적이 있습니다. 이는 다양성과 포용성을 중시하는 사회 흐름에 역행하는 것으로, 사회적 갈등을 유발할 수 있습니다.

셋째는 출산율과 육아 환경에 대한 문제입니다. 한국은 세계 최저 수준의 출산율을 기록하고 있으며, 노키즈존이 많아지면 육아 환경이 악화되어 출산율 감소로 이어질 수 있다는 지적도 있습니다. 아이를 데리고 외출할 수 있는 공간이 줄어들면 부모의 부담은 더욱 커질 수밖에 없습니다.

이처럼 노키즈존에 대한 찬반 논의는 단순한 매장 정책을 넘어 사회적 가치와 윤리, 공동체의 방향성과 깊이 연결되어 있습니다. 모두가 존중받는 사회를 만들기 위해 필요한 것은 서로에 대한 이해와 배려입니다. 노키즈존, 과연 우리 사회에 필요한 공간일까요?

국어공신 선생님의 어휘 다지기!

❶ **배상:** 남의 권리를 침해한 사람이 그 손해를 물어 주는 일. 예시문 배상 책임을 지우다.
❷ **점주:** 가게의 주인. 예시문 그 점주는 단골 고객 확보에 주력하였다.
❸ **영리:** 재산상의 이익을 꾀함. 예시문 기업은 영리를 목적으로 한다.
❹ **클레임:** 손해배상을 청구하거나 이의를 제기하는 일. 예시문 과자에서 이물질이 나와 제조사에 클레임을 제기하였다.

비판적 사고 키워 볼까요?

1 다음 내용을 읽고 맞으면 O, 틀리면 X를 선택하세요.

① 현재 노키즈존은 중학생 이하 어린이들의 출입을 금지하는 곳이다. (O, X)
② 노키즈존은 식당이나 카페 등 주로 음식점에서 아동의 출입을 제한하는 곳을 말한다. (O, X)
③ 노키즈존이 아이들의 권리를 침해하고 아이들을 차별한다는 것은 노키즈존의 반대 측 입장이다. (O, X)

2 '노키즈존'이란 무엇인가요?

3 '노키즈존의 찬성 측 입장의 근거와 반대 측 입장의 근거'를 적어보세요.

4 <보기>에서 알맞은 단어를 찾아 괄호 안에 넣어보세요.

| 보기 | ㉠클레임　㉡영리　㉢배상　㉣점주　㉤교화 |

① 남의 권리를 침해한 사람이 그 손해를 물어 주는 일. (　)
② 가게의 주인. (　)
③ 손해 배상을 청구하거나 이의를 제기하는 일. (　)
④ 가르치고 이끌어서 좋은 방향으로 나아가게 함. (　)

5 노키즈존 논란을 해결하기 위해 사회가 나아가야 할 방향 혹은 여러분이 생각하는 올바른 해결책을 적어보세요.

생각 넓히기

 6 다음 논제 '노키즈존은 필요하다.'대해 찬성과 반대의 의견을 말하고 그 근거를 적어보세요.

논리력 키우기

아주 중요한 문제야!

찬성	반대

✹ 국어공신 선생님의 이것만은 꼭!!

한 걸음 더 깊이

아이의 기저귀를 테이블에 두고 가거나, 뜨거운 음식이 나오는 공간에서 뛰노는 아이를 제지하지 않는 부모들로 인해 노키즈존이 늘고 있습니다. 부모는 아이의 거울이며, 공동체 사회에서 규칙을 가르치는 것이 부모의 책임입니다. 때와 장소를 구분하며 자유를 누릴 줄 아는 아이들과 어른이 많아질수록 노키즈존은 자연스럽게 줄어들 것입니다.

교과 연계: 5-1 사회_2. 인권 존중과 정의로운 사회

차별 없는 세상을 꿈꾸며

[핵심어 체크] □장애인 □장애인의날 □평등 □시선 □연대

읽기 난이도 좋아요!

「장애인복지법」 제14조에는 "장애인에 대한 국민의 이해를 깊게 하고 장애인의 재활 의욕을 높이기 위하여 매년 4월 20일을 장애인의 날로 하며, 장애인의 날부터 1주간을 장애인 주간으로 한다."라고 명시❶되어 있습니다. 이는 장애인의 권익 보호와 사회적 관심을 높이기 위한 제도적 장치입니다. 장애인의 날은 처음에는 정부의 법정기념일 축소 방침으로 인해 지정되지 못했지만, 1991년부터 4월 20일이 공식 법정기념일로 지정되면서 오늘날까지 이어지고 있습니다.

장애란 신체 기관이 본래의 기능을 하지 못하거나 정신 능력에 결함❷이 있는 상태를 말하며, 이러한 결함을 지닌 사람을 우리는 '장애인'이라고 지칭합니다. 과거에는 장애를 부정적으로 인식하는 경향이 강했지만, 사회가 발전함에 따라 장애에 대한 인식도 점차 긍정적으로 변화하고 있습니다. 그럼에도 불구하고 여전히 개선해야 할 부분은 많습니다. 특히 장애인을 바라보는 사회적 시선과 인식은 차별 없는 사회를 만들기 위해 반드시 바뀌어야 할 중요한 요소입니다.

장애인 인식 개선을 위한 방안❸으로는 다음과 같은 것들이 있습니다. 첫째, 장애에 대한 이해를 높일 수 있는 교육 프로그램을 학교나 직장 등에 널리 보급해야 합니다. 단발적인 교육이 아닌 지속적이고 체계적인 교육을 통해 장애에 대한 올바

차별 없는 세상이 오길!

른 인식을 심어줄 수 있습니다. 둘째, 다양한 매체를 통해 장애인과 관련한 정확한 정보를 제공하고, 긍정적인 이미지를 보여주는 것이 중요합니다. 뉴스, 드라마, 영화 등 대중매체는 사회 인식에 큰 영향을 미치기 때문에,

장애인을 단순히 '도움이 필요한 존재'로 묘사하기보다는 그들의 삶과 능력을 있는 그대로 보여주는 콘텐츠가 필요합니다.

셋째, 장애인과 비장애인이 경계를 허물고 소통할 수 있는 다양한 프로그램을 마련하고 지속적인 행사를 개최해야 합니다. 문화 행사, 스포츠 활동, 공동 봉사 프로그램 등을 통해 서로를 이해하고 교류할 수 있는 기회를 제공함으로써 자연스러운 공감과 연대❹가 형성될 수 있습니다. 넷째, 장애는 '틀림'이 아닌 '다름'이라는 인식을 사회 전반에 확산시켜야 합니다. 다양성을 인정하고 존중하는 성숙한 사회 분위기를 조성하는 것이 무엇보다 중요합니다.

결국 차별 없는 사회를 만들기 위해서는 장애인 관련 제도적 뒷받침과 편의시설의 개선뿐만 아니라, 장애인을 바라보는 사회적 인식과 '시선'의 변화가 필수적입니다. 장애인을 위한 배려는 단순한 동정이 아니라, 함께 살아가는 사회의 기본적인 책임이자 가치입니다. '같이'의 '가치'를 알고 더불어 살아가는 연대의 정신이야말로 편견 없는 사회를 향한 첫걸음입니다. 장애인의 날을 맞아 우리 모두가 그 의미를 되새기고, 실천으로 이어가는 계기가 되기를 바랍니다.

국어공신 선생님의 어휘 다지기!

❶ **명시:** 분명하게 드러내 보임. 예시문 유효 기간을 상품에 명시하다.
❷ **결함:** 부족하거나 완전하지 못하여 흠이 되는 부분. 예시문 그녀는 신체적으로 아무런 결함이 없는 비장애인이다
❸ **방안:** 일을 처리하거나 해결하여 나갈 방법이나 계획. 예시문 구체적인 방안을 제시하다.
❹ **연대:** 여럿이 함께 무슨 일을 하거나 함께 책임을 짐. 예시문 시민운동 단체는 국민과의 연대를 통해 그들의 의지를 관철해 나갔다.

비판적 사고 키워 볼까요?

1 윗글의 내용과 일치하지 않는 것은?
① '장애인의 날'은 매년 4월 20일이며 이날부터 일주일을 장애인 주간으로 한다.
② '장애인의 날'이 법정 기념일이 된 지 50년이 넘었다.
③ 장애인에 대한 인식은 다양한 교육과 프로그램을 통해 개선될 수 있다.
④ 장애는 신체나 정신적 결함이 있는 상태를 지칭한다.
⑤ 차별 없는 사회를 위해서는 장애인 관련 시설의 개선뿐만 아니라 장애를 바라보는 시선의 개선이 무엇보다 중요하다.

2 '장애인의 날은 언제이며 어떤 의미'를 지니고 있나요?

3 '본문에 제시된 장애인 인식 개선 방안 외에 여러분이 생각하는 방안'에는 어떤 것이 있는지 적어보세요.

4 장애인 차별이 개인과 사회에 어떤 영향을 미칠 수 있는지 적어보세요.

5 생각 넓히기

장애인과 비장애인이 함께 살아가는 사회를 만들기 위해 가장 중요한 태도는 무엇이라고 생각하나요? 그 이유도 함께 적어보세요.

 6 논리력 키우기

다음 논제 '우리 동네에 장애인 시설(학교, 복지시설 등)을 설치할 수 있다.'에 대해 찬성과 반대의 의견을 말하고 그 근거를 적어보세요.

아주 중요한 문제야!

찬성	반대

✳ 국어공신 선생님의 이것만은 꼭!!

한 걸음 더 깊이

님비 현상(NIMBY: Not In My Backyard)은 혐오 시설을 기피하려는 지역 이기주의의 한 형태입니다. 장애인 시설, 노인 복지 시설, 산업 폐기물 처리장이나 쓰레기장 등 사회에 꼭 필요한 시설이라는 것은 알지만, 막상 자신이 사는 지역에 생기는 것은 반대하는 태도를 말합니다. 이러한 님비 현상은 사회 전체의 발전을 늦추고, 공동체 의식을 약화시키며, 사회적 갈등을 일으키는 문제로 이어질 수 있습니다.

3주 / 3일

정치·사회·문화

교과 연계: 5-1 사회_인권 존중과 정의로운 사회

노인 무임승차 제도, 필요할까?

[핵심어 체크] ☐노인무임승차 ☐복지 ☐고령화 ☐형평성

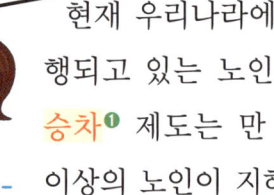

읽기 난이도 좋아요!

노인 전용 교통카드가 있으니 든든하군!

　현재 우리나라에서 시행되고 있는 노인 무임승차❶ 제도는 만 65세 이상의 노인이 지하철이나 버스 등 대중교통을 무료로 이용할 수 있도록 한 정책입니다. 이 제도는 노인의 사회적 참여를 높이고 이동의 자유를 보장하며, 경제적 부담을 덜어주기 위해 도입되었습니다. 만 65세 이상 노인은 신분증을 제시하거나 노인 전용 교통카드를 사용함으로써 무임승차 혜택을 받을 수 있습니다.

　하지만 이 제도를 둘러싼 찬반 논쟁은 여전히 뜨겁습니다. 찬성하는 입장에서는 노인 무임승차 제도가 노인과 장애인 등 사회적 약자를 위한 최소한의 배려이자 복지 혜택이라고 주장합니다. 교통비 부담을 줄여줌으로써 노인의 외부 활동을 장려하고, 이는 신체적·정신적 건강 증진에 긍정적인 영향을 미칠 수 있다는 것입니다. 또한 노인의 사회 참여가 활발해지면 장기적으로 경제 활동 인구가 증가하고, 사회 전체의 활력에도 도움이 될 수 있다고 봅니다. 특히 은퇴 이후에도 다양한 사회 활동을 이어갈 수 있는 기반을 마련해준다는 점에서 긍정적인 평가를 받고 있습니다.

　반면 반대하는 입장에서는 우리나라가 100세 시대를 맞이하며 고령화❷ 사회로 접어들고 있다는 점을 강조합니다. 노인 인구가 급격히 증가하면서 무임승차 이용자 수도 늘어나고 있으며, 특히 서울과 인천 등 도시 철도는 매년 운영 적자❸를 기록하고 있는 상황입니다. 이 적자의 주요 원인 중 하나로 노인의 무임승차가 지목되기도 합니다. 실제로 지하철 운영 기관들은 무임승차로 인한 손실을 정부 보조금으로 충당하고 있지만, 그 부담은 결국 국민 전체에게 돌아가는 구조입니다. 또한 일부에서는 제도의 남용 가능성이나 형평성 문제를 제기하며, 소득 수준과 관계없이 일괄적으로 혜택을 제공하는 방식에 대한 재검토가 필요하다고 주장합니다.

▲ 지하철역에 일회용 무임승차권을 발권할 수 있는 무인발권기가 설치돼 있는 모습

이처럼 노인 무임승차 제도는 노인의 복지를 증진시키는 긍정적인 측면이 있는 반면, 재정적 부담이라는 현실적인 문제도 함께 안고 있습니다. 찬성과 반대의 입장이 첨예하게 대립하는 만큼, 단순한 혜택 제공을 넘어 제도의 지속 가능성과 사회적 형평성을 고려한 심도 있는 논의가 필요합니다. 예를 들어, 연령 기준의 조정, 소득 수준에 따른 차등 적용, 이용 횟수 제한 등의 방안을 검토함으로써 제도의 효율성❹과 형평성을 동시에 확보할 수 있을 것입니다.

궁극적으로 중요한 것은 노인의 삶의 질을 높이면서도 사회 전체의 부담을 최소화하는 균형 있는 정책 설계입니다. 무임승차 제도가 단순한 복지를 넘어, 세대 간 이해와 연대를 촉진하는 계기가 되기를 기대해 봅니다. 이러한 논의는 단순히 비용 문제를 넘어서, 우리가 어떤 사회를 지향하는지에 대한 가치 판단이기도 합니다.

국어공신 선생님의 **어휘 다지기!**

❶ **무임승차**: 차비를 내지 않고 차를 탐. 예시문 역무원 몰래 기차에 무임승차하려다 들켰다.
❷ **고령화**: 한 사회에서 노인의 인구 비율이 높은 상태로 나타나는 일. 예시문 농촌 사회에서는 고령화 현상이 더욱 두드러지고 있다.
❸ **적자**: 지출이 수입보다 많아서 생기는 결손액. 예시문 이번 달에는 가족 행사가 많아서 적자가 났다.
❹ **효율성**: 들인 노력과 얻은 결과의 비율이 높은 특성. 예시문 에너지 효율성이 높은 자동차.

비판적 사고 키워 볼까요?

1 다음 내용을 읽고 맞으면 O, 틀리면 X를 선택하세요.

① 현재 한국에서 시행되고 있는 노인 무임승차 제도는 만 60세 이상의 노인이 지하철이나 버스 등의 대중교통을 무료로 이용할 수 있도록 하는 정책이다. (O, X)

② 노인 무임승차 제도는 노인의 사회적 참여를 높이고 이동의 자유를 보장하며 경제적 부담을 덜어 주기 위한 목적으로 시행되고 있다. (O, X)

2 '노인 무임승차 제도'란 무엇인가요?

3 노인 무인승차 제도가 도입된 목적과 기대되는 사회적 효과에 대해 적어보세요.

4 <보기>에서 알맞은 단어를 찾아 괄호 안에 넣어보세요.

보기   ㉠형평성 ㉡효율성 ㉢고령화 ㉣무임승차 ㉤적자

① 들인 노력과 얻은 결과의 비율이 높은 특성. (   )
② 한 사회에서 노인의 인구 비율이 높은 상태로 나타나는 일. (   )
③ 지출이 수입보다 많아서 생기는 결손액. (   )
④ 차비를 내지 않고 차를 탐. (   )

5 노인 복지 정책을 시행하면서도 교통 운영의 부담을 줄일 수 있는 방법에는 어떤 것이 있을지 여러분의 생각을 적어보세요.

생각
넓히기

6 다음 논제 '노인 무임승차 제도는 필요하다.'에 대해 찬성과 반대의 의견을 말하고 그 근거를 적어보세요.

논리력
키우기

아주 중요한 문제야!

찬성	반대

국어공신 선생님의 이것만은 꼭!!

한 걸음 더 깊이

지문에서 살펴봤듯이 서울, 인천의 도시 철도가 매년 운영 적자를 기록하고 있는 원인 중 하나가 노인들의 무임승차 제도 때문이라는 의견이 많습니다. 도시 철도의 운영 적자는 결국 구조적 문제를 초래하고, 시설 관리, 투자에 소홀해질 수 있다는 우려의 목소리가 큽니다. 이러한 이유로 서울 시민 10명 중 6명이 현재 65세 이상인 지하철 무임승차 연령을 70세로 상향하자는 의견에 찬성하고 있습니다.

정치·사회·문화

3주 / 4일

교과 연계: 5-1 사회_2. 인권 존중과 정의로운 사회

임산부 배려석, 반드시 비워 두어야 할까?

읽기 난이도 좋아요!

[핵심어 체크] ☐임산부배려석 ☐사회적약자 ☐배려 ☐양보

임산부❶ 배려석은 지하철 내에서 임신한 여성을 배려하기 위해 마련된 좌석으로, 핑크색으로 표시되어 있어 눈에 띄며, 겉으로 티가 나지 않는 초기 임산부도 이용할 수 있도록 설계되어 있습니다. 그러나 현실에서는 많은 임산부들이 이 좌석을 이용하기 어려운 상황에 직면하고 있습니다. 그 이유는 임산부가 아닌 일반 승객이 해당 좌석에 앉아 있는 경우가 많기 때문입니다. 임산부 배려석은 노약자 보호석과 유사한 성격을 지니고 있어, 일반 승객이 앉는 것을 법적으로 제한할 수 있는 근거가 없다는 점도 문제를 더욱 복잡하게 만듭니다.

이 자리는 임산부 배려석이야. 자리를 양보해 주세요!

서울 지하철을 운영하는 서울교통공사에 따르면, 이러한 상황으로 인해 임산부 배려석을 둘러싼 민원❷이 지속적으로 제기되고 있다고 합니다. 이에 따라 임산부 여부❸를 감지할 수 있는 센서❹를 좌석에 부착하자는 제안도 등장했습니다. 센서를 통해 임산부가 아닌 사람이 좌석에 앉을 경우 경고음이나 불빛으로 알리는 방식인데, 이는 다른 승객들에게 불편을 줄 수 있다는 우려가 있습니다. 특히 경고음이 울릴 경우 승객 간의 갈등이나 불쾌감이 생길 수 있고, 불빛이 깜빡이는 상황은 시각적으로도 불편함을 초래할 수 있습니다.

또한 서울 지하철은 규모가 크고 노선이 복잡하기 때문에 모든 임산부 배려

석에 감지 센서를 설치하는 데에는 막대한 비용이 들 수밖에 없습니다. 기술적 문제뿐 아니라 예산 문제도 함께 고려해야 하므로, 센서 설치는 현실적으로 쉽지 않은 해결책입니다.

  그렇다면 임산부와 일반 승객 모두가 보다 편리하게 지하철을 이용하기 위해서는 어떤 방식이 바람직할까요? 임산부 배려석을 항상 비워 두는 것이 이상적일 수 있지만, 출퇴근 시간대처럼 혼잡한 시간에는 빈 좌석을 유지하는 것이 현실적으로 어려울 수 있습니다. 따라서 일반 승객이 해당 좌석에 앉더라도 임산부가 탑승했을 때 즉시 자리를 양보하는 문화가 정착되는 것이 중요합니다. 이를 위해서는 시민들의 인식 개선과 함께 지하철 내 안내 방송이나 캠페인을 통해 임산부 배려석의 의미를 지속적으로 알리는 노력이 필요합니다.

  또한 임산부가 보다 쉽게 자신의 상태를 알릴 수 있도록 '임산부 배려 배지' 착용을 권장하고, 이를 인식하는 문화가 확산되어야 합니다. 배지를 착용한 임산부가 탑승했을 때 주변 승객들이 자연스럽게 자리를 양보하는 분위기가 형성된다면, 굳이 센서나 경고음 같은 기술적 장치 없이도 문제를 해결할 수 있을 것입니다.

▲ 임산부 배려 배지

  결국 중요한 것은 기술보다 사람들의 배려와 인식입니다. 임산부 배려석은 단지 한 칸의 좌석이 아니라, 사회 전체가 약자를 어떻게 대하는지를 보여주는 작은 거울입니다. 모두가 조금씩 관심을 갖고 배려한다면, 지하철은 임산부뿐 아니라 모든 승객에게 더 안전하고 편안한 공간이 될 수 있을 것입니다.

국어공신 선생님의 어휘 다지기!

❶ **임산부:** 아이를 밴 여자(임부)와 아이를 갓 낳은 여자(산부). 예시문 임산부로 북적이는 산부인과.
❷ **민원:** 주민이 행정 기관에 대하여 원하는 바를 요구하는 일. 예시문 탐관오리들의 수탈로 민원이 하늘을 찌를 듯했다.
❸ **여부:** 그러함과 그러하지 아니함. 예시문 자네가 하는 일이니 여부가 있겠나?
❹ **센서:** 소리, 빛, 온도, 압력 따위를 감지하는 기계 장치. 예시문 센서는 검지 대상의 양을 선택적으로 포착한다.

비판적 사고 키워 볼까요?

1 다음 내용을 읽고 맞으면 O, 틀리면 X를 선택하세요.

① 임산부 배려석이란 지하철 안에 설치된 임산부 전용 좌석으로 겉으로 표가 안 나는 초기 임신부도 이용할 수 있도록 되어 있다. (O, X)
② 일반 승객이 임산부석에 앉는 것을 제한할 법적 근거가 있다. (O, X)
③ 임산부 배려석에 감지 센서를 부착할 경우 어마어마한 설치비가 들기 때문에 실행하기 어렵다. (O, X)

2 '임신한 여성 대부분이 지하철 내 임산부석을 이용하기 힘든 이유'는 무엇인가요?

3 '임산부 배려석에 임산부 여부를 감지할 수 있는 센서를 부착하는 것은 어떠한 단점'이 있나요?

4 <보기>에서 알맞은 단어를 찾아 괄호 안에 넣어보세요.

보기   ㉠임산부 ㉡여부 ㉢센서 ㉣민원 ㉤배려

① 아이를 밴 여자(임부)와 아이를 갓 낳은 여자(산부). (   )
② 주민이 행정 기관에 대하여 원하는 바를 요구하는 일. (   )
③ 소리, 빛, 온도, 압력 따위를 감지하는 기계 장치. (   )
④ 그러함과 그러하지 아니함. (   )

5 생각 넓히기

'임산부 배려석을 항상 비워 두는 것은 어떠한 장점'이 있을까요?

6 논리력 키우기

다음 논제 '임산부 배려석을 항상 비워 두어야 한다.'에 대해 찬성과 반대의 의견을 말하고 그 근거를 적어보세요.

아주 중요한 문제야!

찬성	반대

국어공신 선생님의 이것만은 꼭!!

한 걸음 더 깊이

지하철 임산부 배려석이 도입된 지 10년이 넘었지만 찬반 논란은 여전합니다. 최근 서울시에서 임산부 여부를 감지하는 센서를 설치하자는 제안이 나오면서 찬반 논란은 더욱 뜨거워졌습니다. 하지만 비용 문제를 비롯한 이러한 제재는 오히려 갈등을 조장할 수도 있다는 우려가 있어 시행 여부는 판단하기 어려우며, 이 문제와 관련해 좀 더 신중한 접근과 논의가 필요할 듯합니다.

3주 / 5일

교과 연계: 5-1 사회_인권 존중과 정의로운 사회

선의의 거짓말, 해도 될까?

[핵심어 체크] ☐선의의거짓말 ☐배려 ☐신뢰 ☐인간관계 ☐윤리성

선의의 거짓말이란 다른 사람에게 상처를 주지 않기 위해 선한 의도❶로 사실이 아닌 것을 사실처럼 말하는 행위입니다. 영어로는 'white lie(하얀 거짓말)'라고 하며, 주로 상대방의 감정을 고려하거나 상황을 개선❷하기 위해 사용됩니다. 예를 들어, 큰 병에 걸려 위중한❸ 환자에게 곧 나을 거라고 말해 용기와 희망을 주는 경우가 대표적인 예입니다. 이처럼 선의의 거짓말은 타인을 배려하고 위로하기 위한 수단으로 사용되지만, 진실을 숨기는 행위라는 점에서 논란이 되고 있습니다.

선의의 거짓말에 대한 찬반론은 다음과 같이 나뉩니다. 먼저 찬성하는 입장에서는 선의의 거짓말이 상대방의 감정을 보호하고 상처를 주지 않기 위한 배려라고 주장합니다. 인간은 혼자서 살아갈 수 없는 사회적 존재이기 때문에 주변 사람들과 더불어 살아가야 하며, 그 과정에서 필연적❹으로 갈등이 생길 수밖에 없습니다. 이러한 갈등 상황에서 선의의 거짓말은 상대방에게 불필요한 상처를 주지 않고 관계를 원만하게 유지하는 데 도움이 됩니다. 특히 감정적으로 민감한 상황이나 위로가 필요한 순간에는 진실보다 따뜻한 말 한마디가 더 큰 위안을 줄 수 있다는 점에서 긍정적으로 평가되기도 합니다.

또한 선의의 거짓말은 사회적 조화를 이루는 데에도 일정한 역할을 합니다. 예를 들어, 친구의 외모나 실수에 대해 솔직하게 말하는 것이 오히려 관계를 해칠 수 있는 경우, 부드럽게 넘어가는 말이 관계를 유지하는 데 도움이 될 수 있습니다. 이러한 맥락에서 선의의 거짓말은 단순한 거짓이 아니라, 상대방을 배려하고 공동체 내의 갈등을 최소화하는 하나의 커뮤니케이션 전략으로 이해될 수 있습니다.

　반면, 반대하는 입장에서는 선의의 거짓말도 결국 거짓말이라는 점에서 윤리적 문제가 있다고 지적합니다. 아무리 선한 의도라 하더라도 진실을 숨기는 행위는 신뢰를 훼손할 수 있으며, 장기적으로는 더 큰 문제를 야기[5]할 수 있습니다. 거짓말이 반복되면 진실성과 정직함이라는 인간 관계의 기본 가치가 흔들릴 수 있고, 선의의 거짓말이 허용되는 분위기가 조성되면 점차 거짓말에 대한 경계가 흐려질 수 있습니다. 또한 선의의 거짓말이 상대방에게 일시적인 위안을 줄 수는 있지만, 결국 진실을 알게 되었을 때 더 큰 실망이나 배신감을 느끼게 할 수도 있습니다.

　결국 선의의 거짓말은 인간관계에서 배려와 신뢰 사이의 균형을 요구하는 복잡한 윤리적 문제입니다. 상황에 따라 선의의 거짓말이 긍정적인 역할을 할 수도 있지만, 그로 인해 발생할 수 있는 부작용도 충분히 고려해야 합니다. 따라서 선의의 거짓말을 무조건적으로 옳거나 그르다고 판단하기보다는 그 의도와 맥락, 그리고 결과를 종합적으로 살펴보는 태도가 필요합니다. 우리 사회에서 선의의 거짓말은 자주 나타나는 현상이지만, 그 사용에 있어 신중함과 책임감이 요구됩니다. 다양한 관점을 이해하고, 진실과 배려 사이에서 균형을 찾는 것이 바람직한 방향일 것입니다.

국어공신 선생님의 어휘 다지기!

❶ **의도**: 무엇을 하고자 하는 생각이나 계획. 　예시문　나쁜 의도로 그런 것은 아니다.
❷ **개선**: 잘못된 것이나 부족한 것, 나쁜 것 따위를 고쳐 더 좋게 만듦. 　예시문　이 지역은 주민의 건강을 위해서라도 생활 환경 개선이 시급하다.
❸ **위중하다**: 병세가 위험할 정도로 중하다. 　예시문　박 선생님의 병환이 몹시 위중하다.
❹ **필연적**: 사물의 관련이나 일의 결과가 반드시 그렇게 될 수밖에 없는 것. 　예시문　모든 사건의 발생은 필연적일 수밖에 없다.
❺ **야기**: 일이나 사건 따위를 끌어 일으킴. 　예시문　오해를 야기하는 행동을 하다.

비판적 사고 키워 볼까요?

1 다음 내용을 읽고 맞으면 O, 틀리면 ✕를 선택하세요.

① 선의의 거짓말은 주로 상대방의 감정을 고려하거나 상황을 개선하기 위해 사용된다. (O, ✕)

② 선의의 거짓말이 필요하다고 보는 입장은 선의의 거짓말이 상대방의 감정을 보호하고 상처를 주지 않기 위한 배려라고 주장한다. (O, ✕)

2 '선의의 거짓말'이란 무엇인가요?

3 '선의의 거짓말을 찬성하는 입장과 반대하는 입장의 근거'를 적어보세요.

4 <보기>에서 알맞은 단어를 찾아 괄호 안에 넣어보세요.

보기   ㉠위중하다 ㉡개선 ㉢의도 ㉣필연적 ㉤야기

① 무엇을 하고자 하는 생각이나 계획. (   )
② 잘못된 것이나 부족한 것, 나쁜 것 따위를 고쳐 더 좋게 만듦. (   )
③ 병세가 위험할 정도로 중하다. (   )
④ 사물의 관련이나 일의 결과가 반드시 그렇게 될 수밖에 없는 것. (   )

5 여러분은 '선의의 거짓말을 해본 경험'이 있나요? 그로 인해 '어떤 결과'가 발생했는지 적어보세요.

6 다음 논제 '선의의 거짓말은 필요하다.'에 대해 찬성과 반대의 의견을 말하고 그 근거를 적어보세요.

아주 중요한 문제야!

찬성	반대

국어공신 선생님의 **이것만은 꼭!!**

한 걸음 더 깊이

선의의 거짓말은 도덕성과 관련된 주제이기 때문에 옳고 그름에 관해서는 의견이 분분합니다. 상황에 따라서 선의의 거짓말이 필요하다는 의견과 거짓말은 어떤 식으로든 허용되어서는 안 된다는 의견이 첨예하게 대립합니다. 사람마다 생김새, 성격이 다르듯 가치관과 생각 또한 다를 수 있으므로 토론을 할 때에는 자신과 다른 상대방의 의견을 경청하고 존중하는 자세가 무엇보다 필요합니다.

3주 / 6일   교과 연계: 5-1 사회_2. 인권 존중과 정의로운 사회

수술실 CCTV, 설치해야 할까?

[핵심어 체크] ☐수술실 CCTV ☐의료진 ☐환자 ☐인권보호

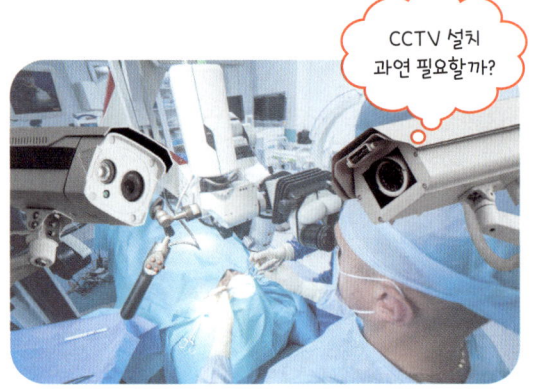

CCTV 설치 과연 필요할까?

읽기 난이도 좋아요!

'수술실 CCTV 설치 의무화법'은 수술실 내 불법 행위와 의료 사고를 예방하기 위해 마련된 의료법 개정안으로, 2021년 8월 31일 국회를 통과한 뒤 2년의 유예^❶ 기간을 거쳐 2023년 9월 25일부터 시행되었습니다. 이 법은 자격이 없는 자의 대리 수술, 수술실 내 성범죄 등 폐쇄된 공간에서 발생할 수 있는 문제들을 차단하고, 환자의 안전을 확보하기 위한 목적을 담고 있습니다.

이 법안이 본격적으로 논의되기 시작한 계기는 2016년 발생한 성형수술 의료 사고였습니다. 당시 수술을 집도^❷하던 원장이 동시에 여러 환자의 수술을 진행했고, 그 빈자리를 신입 의사가 대신하는 대리 집도가 이루어졌습니다. 이로 인해 대학생 환자가 사망하는 사고가 발생했고, 유가족은 법적 분쟁을 진행하게 되었습니다. 이 사건에서 결정적인 역할을 한 것이 바로 수술실에 설치되어 있던 CCTV 영상이었으며, 이는 의료 사고의 경위를 밝히는 핵심 증거로 작용했습니다. 이후 수술실 CCTV 설치에 대한 사회적 요구가 높아졌고, 결국 법제화로 이어졌습니다.

법 시행 이후 환자와 보호자들은 수술실이라는 폐쇄된 공간에서 발생할 수 있는 위험 요소를 줄일 수 있다는 점에서 안심하고 진료를 받을 수 있게 되었습니다. CCTV는 의료 사고나 불법 행위를 사전에 예방하고, 문제가 발생했을

경우 객관적인 증거 확보를 가능하게 하여 분쟁 해결에도 도움이 됩니다. 환자의 권리와 안전을 강화하는 제도로 평가받고 있으며, 의료의 투명성과 신뢰성을 높이는 수단으로 작용하고 있습니다.

하지만 의료계에서는 여전히 부정적인 입장을 보이고 있습니다. 수술실에 CCTV가 설치되면 의료진의 개인 정보가 침해될 수 있고, 수술 장면이 실시간으로 모니터링❸되면 의료진이 심리적 압박을 느껴 적극적인 의료 행위를 하는 데 부담을 느낄 수 있다는 것입니다. 특히 고난도의 수술을 집도하는 상황에서 의료진이 카메라를 의식하게 되면 집중력이 저하되고, 이는 오히려 환자의 안전을 위협할 수 있다는 우려도 제기됩니다. 또한 의료진의 스트레스가 가중❹되어 의료 환경 전반에 부정적인 영향을 미칠 수 있다는 주장도 있습니다.

이처럼 '수술실 CCTV 설치 의무화법'은 환자의 권리와 의료진의 인권 사이에서 균형을 요구하는 복잡한 문제입니다. 법 시행 이후에도 의료계와 환자단체 간의 의견 차이는 여전히 존재하기 때문에 이를 조율하기 위한 사회적 논의가 지속적으로 필요합니다. CCTV 설치가 단순한 감시 도구가 아닌, 의료의 신뢰성과 투명성을 높이는 수단으로 자리 잡기 위해서는 제도적 보완과 함께 의료진과 환자 모두가 납득할 수 있는 운영 기준을 마련하는 것이 중요합니다.

이 법은 의료 사고를 예방하고 환자의 권리를 보호하는 중요한 장치입니다. 동시에 의료진의 전문성과 자율성을 존중하는 방향으로 균형 있게 운영되어야 합니다. 그러므로 수술실 CCTV 설치에 대한 다양한 의견을 지속적으로 수렴하고, 제도의 실효성을 높이기 위한 개선 노력이 계속되어야 하며, 환자와 의료진 모두를 위한 제도적 보완이 필요합니다.

집중

국어공신 선생님의 어휘 다지기!

❶ **유예:** 일을 결행하는 데 날짜나 시간을 미룸. 예시문 서너 시간의 유예를 얻었다.
❷ **집도:** 수술이나 해부를 하기 위하여 수술칼을 잡음. 예시문 의사의 집도로 수술을 하다.
❸ **모니터링:** 영상 기록물, 컴퓨터 프로그램 등을 감독, 관찰하는 것. 예시문 방송국에서는 모니터링 제도를 적극 활용한다.
❹ **가중:** 부담이나 고통 따위를 더 크게 하거나 어려운 상태를 심해지게 함. 예시문 학생 간 지나친 경쟁은 사교육비 부담을 가중시켰다.

비판적 사고 키워 볼까요?

1 다음 내용을 읽고 맞으면 O, 틀리면 ×를 선택하세요.

① 자격이 없는 자의 대리 수술, 수술실 내 성범죄 등의 문제가 발생하면서 수술실 내 CCTV 설치를 의무화하는 방안이 시행되었다. (O, ×)

② 의료계에서는 수술실 내 CCTV를 설치하면 의료진의 개인 정보를 보호할 수 없고, 의료진이 적극적 의료 행위를 하는 데 부담이 된다고 주장하며 이를 반대하고 있다. (O, ×)

③ '수술실 CCTV 설치 의무화법'은 환자와 보호자에게 유리한 측면이 많다. (O, ×)

2 '수술실 CCTV 설치 의무화법이 시행된 이유'는 무엇인가요?

3 '의료계에서 수술실 CCTV 설치 의무화법을 반대하는 이유'는 무엇인가요?

4 <보기>에서 알맞은 단어를 찾아 괄호 안에 넣어보세요.

보기   ㉠모니터링 ㉡유예 ㉢가중 ㉣집도 ㉤수렴

① 일을 결행하는 데 날짜나 시간을 미룸. (   )
② 수술이나 해부를 하기 위하여 수술칼을 잡음. (   )
③ 영상 기록물, 컴퓨터 프로그램 등을 감독, 관찰하는 것. (   )
④ 부담이나 고통 따위를 더 크게 하거나 어려운 상태를 심해지게 함. (   )

5 수술실 CCTV 설치 의무화법 시행 이후 환자와 보호자에게 기대되는 긍정적 효과에 대해 적어보세요.

 6 다음 논제 '수술실에 CCTV를 설치해야 한다.'에 대해 찬성과 반대의 의견을 말하고 그 근거를 적어보세요.

찬성	반대

✹ 국어공신 선생님의 이것만은 꼭!!

'수술실 CCTV 설치 의무화법'은 수술 전 보호자의 요청이 없으면 녹화하지 않아도 되는 점, 보호자가 기록물을 받을 수 없는 점, 의료진 전원의 동의나 수사기관 협조 없이는 열람이 어려운 점 등 여러 한계를 지니고 있습니다. 또한 기록물 보관 기간이 30일로 짧고, 병원 측에서 고의로 기록물을 삭제할 우려도 있으며, 또한 이에 따른 처벌 수위도 낮아 실효성 강화가 필요합니다.

3주 / 7일

교과 연계: 5-1 사회_2. 인권 존중과 정의로운 사회
6-2 사회_2. 통일 한국의 미래와 지구촌의 평화
6-2 도덕_6. 함께 살아가는 지구촌

난민, 수용해야 할까?

[핵심어 체크] ☐난민 ☐인도주의 ☐인권 ☐분쟁 ☐자연재해

▲ 그리스 해변에 도착해 육지로 올라오고 있는 시리아 난민들

우리는 도움이 필요한 난민이에요!

읽기 난이도 좋아요!

난민이란 전쟁, 박해❶, 자연재해 등 생명과 안전을 위협받는 상황을 피해 자신의 나라를 떠나 다른 나라로 이주해 보호를 필요로 하는 사람들을 말합니다. 최근 시리아 내전과 우크라이나 분쟁 등으로 인해 세계적으로 난민 수가 급증하면서 난민 위기는 사상 최대의 난관에 직면하고 있습니다. 난민 발생의 원인은 인권 침해, 기근❷, 정치적 불안 등 다양하지만, 특히 분쟁❸과 기후 변화로 인한 자연재해가 주요 원인으로 지목되고 있습니다.

난민은 국제법에 따라 보호받아야 할 대상이지만, 실제로 난민을 수용하는 문제에 있어서는 각국의 입장 차이와 국민 여론에 따라 찬반이 크게 갈리고 있습니다. 난민 수용에 찬성하는 입장은 인도주의적 관점에서 접근합니다. 전쟁이나 종교 갈등, 천재지변❹ 등으로 인해 자신의 의지와 상관없이 삶의 터전을 잃은 사람들을 돕는 것은 국제 사회의 도덕적 책임이라는 것입니다. 특히 대한민국처럼 민주주의와 인권을 중시하는 국가라면, 인도적 차원에서 난민을 수용하는 것이 바람직하다는 의견이 많습니다. 난민에게 새로운 삶의 기회를 제공함으로써 국제적 연대와 협력의 가치를 실현할 수 있으며, 이는 국가 이미지 제고에도 긍정적인 영향을 줄 수 있습니다.

반면 난민 수용에 반대하는 입장에서는 국가 안보⁵와 경제적 부담을 우려합니다. 다양한 국적과 배경을 가진 난민들이 불법 활동이나 테러⁶에 연루될 가능성이 있다는 점에서 사회적 불안 요소로 작용할 수 있다는 것입니다. 또한 난민이 증가하면 고용 시장에서 경쟁이 심화되어 한국인의 일자리가 줄어들 수 있고, 난민을 위한 주거, 의료, 교육 등 복지 시설을 마련해야 하기 때문에 국가 재정에 부담이 된다는 주장도 있습니다. 특히 난민 수용에 대한 제도적 준비가 미흡한 상황에서 무분별한 수용은 오히려 사회적 갈등을 초래할 수 있다는 우려도 제기됩니다.

▲ 독일에 망명을 신청한 난민 테러 용의자

(말풍선: 난민 테러 용의자 너무 위험해!)

이처럼 난민 수용 문제는 단순한 찬반을 넘어 인권, 안보, 경제, 문화 등 다양한 요소가 얽혀 있는 복합적인 사안입니다. 따라서 보다 심도 있는 논의와 사회적 합의가 필요하며, 난민 수용의 효율성과 형평성을 동시에 고려한 정책 설계가 중요합니다. 국제 사회의 일원으로서 인도적 책임을 다하는 동시에, 국내 사회의 안정과 지속 가능성을 함께 추구하는 균형 있는 접근이 요구됩니다. 난민 문제는 단순히 외국인의 문제가 아니라, 우리가 어떤 가치를 지향하는 사회인지에 대한 질문이기도 합니다. 난민을 수용할 것인지에 대한 고민은 결국 인간 존엄성과 공동체의 연대에 대한 우리의 태도를 반영하는 중요한 선택입니다. 인도주의와 국가적 현실 사이에서 우리는 어떤 길을 선택해야 할까요.

국어공신 선생님의 어휘 다지기!

❶ **박해:** 못살게 굴어서 해롭게 함. [예시문] 그는 모진 박해를 피해 이웃 나라로 망명했다. ❷ **기근:** 흉년으로 먹을 양식이 모자라 굶주림. [예시문] 흉년이 들어 기근이 생기다. ❸ **분쟁:** 말썽을 일으키어 시끄럽고 복잡하게 다툼. [예시문] 적대 세력과의 분쟁을 야기하다. ❹ **천재지변:** 지진, 홍수, 태풍 따위의 자연 현상으로 인한 재앙. [예시문] 천재지변까지 들먹여 미리 공포를 느끼는 병적 성격을 어떻게 감당할 수 있겠나. ❺ **안보:** '안전 보장'을 줄여 이르는 말. [예시문] 수도 서울의 안보를 강화하다. ❻ **테러:** 정치적인 목적을 위하여 조직적, 집단적으로 행하는 폭력 행위. [예시문] 어떠한 테러 행위도 용납할 수 없다.

비판적 사고 키워 볼까요?

1 다음 내용을 읽고 맞으면 O, 틀리면 X를 선택하세요.

① 난민이란 분쟁이나 자연재해와 같은 위협을 피해 다른 나라로 이주해 보호를 필요로 하는 사람들이다. (O, X)

② 난민 수용을 찬성하는 입장에서 난민은 인도적 차원에서 받아들여야 하며, 그것이 국제 사회의 도덕적 의무라고 보고 있다. (O, X)

2 '난민이 발생하는 이유'는 무엇인가요?

3 '난민 수용을 찬성하는 근거와 반대하는 근거'를 적어보세요.

4  <보기>에서 알맞은 단어를 찾아 괄호 안에 넣어보세요.

보기 : ㉠테러 ㉡박해 ㉢천재지변 ㉣인도적 ㉤분쟁

① '안전 보장'을 줄여 이르는 말. (   )

② 지진, 홍수, 태풍 따위의 자연 현상으로 인한 재앙. (   )

③ 말썽을 일으키어 시끄럽고 복잡하게 다툼. (   )

④ 못살게 굴어서 해롭게 함. (   )

5 난민을 받아들이는 나라에서는 어떤 어려움이 생길 수 있을까요? 또 그럼에도 불구하고 난민을 돕는 이유는 무엇이라고 생각하나요?

생각 넓히기

6 다음 논제 '난민을 수용해야 한다.'에 대해 찬성과 반대의 의견을 말하고 그 근거를 적어보세요.

논리력 키우기

찬성	반대

🔆 국어공신 선생님의 이것만은 꼭!!

6월 20일은 전 세계가 난민의 고통과 희망을 돌아보는 '세계 난민의 날'입니다. 우리나라는 2013년 난민법을 시행한 이후, 2015년부터 매년 약 30명 안팎의 난민을 수용해왔습니다. 그러나 난민 수용을 두고 여전히 찬반 논쟁이 이어지고 있습니다. 인류애를 바탕으로 난민을 돕자는 주장과, 국가 안보와 경제적 부담을 이유로 신중해야 한다는 반대 입장이 대립하고 있습니다.

교과 연계: 6-1 도덕_1. 내 삶의 주인은 바로 나
3. 나를 돌아보는 생활

아침형 인간이 되어야 할까?

[핵심어 체크] ☐아침형인간 ☐저녁형인간 ☐성공 ☐집중력 ☐창의력

읽기 난이도 좋아요!

'아침형 인간'이란 이른 아침에 하루의 일과❶를 시작해 아침 시간을 적극적으로 활용하는 사람을 말합니다. 2003년, 일본의 의사 사이쇼 히로시(稅所弘)가 쓴 『인생을 두 배로 사는 아침형 인간』이라는 책이 출간되면서 이 개념은 많은 사람들의 관심을 끌게 되었습니다. 이 책에서는 아침이 집중력과 창의력이 높아지는 시간대이므로, 짧은 시간에도 효율적인 성과를 낼 수 있다고 주장합니다. 특히 직장인들이 출근 전 시간을 활용해 목표를 세우고 실천하면 삶의 질이 향상❷된다고 강조합니다.

실제로 현대그룹의 명예회장 정주영과 마이크로소프트사의 창립자 빌 게이츠도 대표적인 아침형 인간으로 알려져 있습니다. 그들은 새벽에 일어나 누구보다 빠르게 하루를 시작했고, 그 시간을 통해 자신만의 성과를 쌓아올렸습니다. 이처럼 뛰어난 업적을 남긴 인물들 중에는 아침형 인간이 많다는 점에서, 아침형 인간이 성공의 열쇠처럼 여겨지기도 합니다. 아침을 활용한 자기계발❸, 운동, 독서 등은 많은 사람들에게 긍정적인 영향을 주었으며, 이를 꾸준히 실천하는 사람들은 더욱 생산적이고 활력 있는 하루를 보낼 수 있다고 믿습니다.

하지만 과연 아침형 인간이 되어야만 성공할 수 있을까요? 이에 대해 반대되는 연구 결과도 있습니다. 한 연구에 따

세상은 아직 잠들어 있을 때, 나의 하루는 이미 시작된다.

▲ 빌 게이츠는 미국의 기업인, 자선사업가, 프로그래머로, 1975년 마이크로소프트를 창업했습니다.

르면, 오히려 저녁형 인간이 아침형 인간보다 더 창의적이고 IQ가 높다는 결과가 나왔습니다. 저녁형 인간은 늦게 일어나 오후나 밤에 주로 활동하는 사람을 의미하며, 인간이 진화 과정에서 낮에는 생존을 위한 활동을 하고 밤에는 독창적❹인 사고를 하도록 발달해왔다는 분석이 있습니다. 즉, 더 지적이고 창의적인 사람일수록 늦게까지 깨어 있는 경향이 있다는 것입니다.

▲ 버락 오바마는 미국 최초의 흑인 대통령으로, '변화와 희망'을 내세워 인권과 통합을 강조한 지도자입니다.

깊은 밤, 모두가 잠든 시간에 나는 가장 선명하게 생각한다.

또한 저녁형 인간은 창의력, 귀납적 추리 능력, 문제 해결력에서 뛰어나다는 발표도 있습니다. 실제로 저녁형 인간 중에는 작가, 예술가, 프로그래머 등 창의력이 중요한 직업에 종사하는 사람이 많습니다. 그들은 밤의 고요한 시간 속에서 집중력이 높아지고 몰입이 잘 되어 오히려 더 높은 성과를 내기도 합니다. 이처럼 저녁형 인간은 자신의 생체 리듬에 맞춰 활동함으로써 깊은 사고와 창의성을 발휘할 수 있다는 점에서 아침형 인간과는 또 다른 방식으로 성공을 만들어갑니다.

결국 성공의 기준은 하루를 언제 시작하느냐가 아니라 그 시간을 어떻게 활용하느냐에 달려 있습니다. 아침형 인간이든 저녁형 인간이든 자신에게 맞는 리듬을 찾아 효율적으로 시간을 사용하는 것이 가장 중요합니다. 모두가 아침형 인간이 될 필요는 없습니다. 자신에게 어울리는 방식으로 하루를 살아가며 의미와 성취를 쌓는 것, 그것이 진정한 성공의 시작일 것입니다.

집중

국어공신 선생님의 어휘 다지기!

❶ **일과**: 날마다 규칙적으로 하는 일정한 일. 예시문 철수는 그날의 일과를 마쳤다.
❷ **향상**: 실력, 수준, 기술 따위가 나아짐. 또는 나아지게 함. 예시문 노동자의 권익 향상에 힘쓰다.
❸ **자기계발**: 잠재하는 자기의 슬기나 재능, 사상 따위를 일깨워 줌. 예시문 민호는 언제나 자기 계발을 위해 노력한다.
❹ **독창적**: 다른 것을 모방함이 없이 새로운 것을 처음으로 만들어 내거나 생각해 내는 것. 예시문 우리나라는 외래의 문화를 독창적으로 발전시켰다.

비판적 사고 키워 볼까요?

1 다음 내용을 읽고 맞으면 O, 틀리면 X를 선택하세요.

① 아침형 인간이란 이른 아침에 하루의 일과를 시작해 아침 시간을 활용하는 사람을 일컫는다. (O, X)
② 아침형 인간보다 저녁형 인간이 창의적이고 IQ가 높다는 결과가 있다. (O, X)
④ 저녁형 인간이 창의력이 높고 귀납적 추리 능력과 문제 해결 능력이 우수하다는 연구 결과가 있다. (O, X)

2 '아침형 인간'과 '저녁형 인간'이란 무엇인가요?

3 '아침형 인간과 저녁형 인간의 특징을 하나씩' 적어보세요.

4 다음 단어를 넣어 문장을 만들어보세요.

★ 일과:

★ 자기계발:

★ 독창적:

108

5 아침형 인간으로 알려진 인물 중 한 명을 예로 들어 그가 아침 시간을 어떻게 활용했는지 적어보세요.

생각
넓히기

6 다음 논제 '아침형 인간이 되어야 한다.'에 대해 찬성과 반대의 의견을 말하고 그 근거를 적어보세요.

논리력
키우기

아주 중요한 문제야!

찬성	반대

✲ 국어공신 선생님의 **이것만은 꼭!!**

한 걸음 더 깊이

사람마다 타고난 생체 리듬이 달라 아침형 인간과 저녁형 인간으로 나뉩니다. 하지만 학교나 직장 등으로 인해 아침 일찍 일과를 시작해야 하는 경우, 아침형 리듬에 맞추는 것이 집중력과 업무 효율에 도움이 됩니다. 반대로 아침 일정이 없는 사람이라면 굳이 아침형 생활을 강요하기보다 자신의 생체 리듬에 맞춰 생활하는 것이 더 건강하고 효과적일 수 있습니다.

교과 연계: 6-1 도덕_1. 내 삶의 주인은 바로 나
3. 나를 돌아보는 생활

성형 수술, 필요할까?

[핵심어 체크] ☐성형수술 ☐미용성형 ☐재건성형 ☐부작용 ☐자신감

자신감을 높이기 위해 성형 수술을?

읽기 난이도 좋아요!

한국의 성형술은 현재 세계 최고 수준이라고 자부할❶ 만큼 고도❷로 발달해 있습니다. 정교한 기술력과 풍부한 임상 경험, 그리고 환자 맞춤형 접근 방식 덕분에 한국은 '성형 강국'으로 불리며, 의료 관광의 중심지로 자리 잡고 있습니다. 최근에는 중국, 일본, 동남아시아를 비롯해 미국, 유럽 등 세계 각국의 수많은 사람들이 성형 수술을 받기 위해 한국을 찾고 있으며, 국내 병원들은 외국인 환자를 위한 전문 서비스와 통역 시스템까지 갖추고 있어 만족도를 높이고 있습니다.

성형 수술은 신체의 일부를 재구성하거나 수정하여 외모를 개선하거나 기능을 회복시키는 의료 과정으로, 크게 '미용 목적의 성형 수술'과 '의료 목적의 재건 성형 수술'로 나눌 수 있습니다. 재건 성형은 사고나 질병으로 손상된 부위를 복원하는 데 목적이 있으며, 미용 성형은 외모 개선을 통해 자신감을 얻고 삶의 질을 높이려는 목적을 갖고 있습니다. 찬반 논의가 활발한 분야는 주로 미용 성형이며, 눈, 코, 안면 윤곽, 가슴 확대, 지방 흡입술 등이 대표적입니다.

현대 사회에서 외모는 자신을 드러내는 경쟁력❸이자 자신감의 상징으로 자리 잡았습니다. 외모는 대인 관계, 취업, 결혼 등 다양한 분야에 걸쳐 큰 영향을 미치는 중요한 요소가 되었으며, 이는 성형 수술에 대한 사회적 수용도를 높이는 데 기여했습니다. 많은 사람들이 성형을 통해 새로운 시작을 꿈꾸며 삶의 만족도를 높이고자 합니다. 특히 젊은 세대뿐만 아니라 중장년층에서도 외모 개선을 통한 자신감 회복에 대한 관심이 높아지고 있습니다. 따라서 성형 수술을 무조건 부정적으로 바라볼 수만은 없습니다.

하지만 성형 수술이 보편화되면서 건강, 윤리, 사회적 문제도 함께 발생하고 있습니다. 성형 중독으로 인한 반복 수술, 부작용으로 인한 후유증과 우울증, 경제적 부담 등은 개인에게 심각한 고통을 안겨줄 수 있습니다. 외모에 대한 과도한 집착은 자존감 저하와 사회적 불안으로 이어질 수 있으며, 이는 성형의 본래 목적과는 상반된 결과를 초래할 수 있습니다. 또한 성형에 대한 사회적 압박은 개인의 자유로운 선택을 제한하는 요인이 될 수도 있습니다. 외모 중심의 사회 분위기는 다양성과 개성을 존중하는 문화 형성에 장애가 될 수 있으며, 이는 장기적으로 사회적 갈등을 유발할 가능성도 있습니다.

이렇듯 자신감과 행복을 얻고 원만한❹ 사회생활을 위한 성형 수술이 오히려 돌이킬 수 없는 불행을 가져다줄 수도 있으므로, 수술 전에는 반드시 전문가와 충분히 상담하고 자신의 신체적·정신적 상태를 면밀히 검토한 후 신중하게 결정해야 합니다. 성형은 단순한 외모 변화가 아닌 삶의 방향을 바꾸는 중요한 선택이므로, 그만큼의 책임감과 숙고가 필요합니다. 성형 수술은 긍정적인 변화를 이끌 수 있는 기회가 될 수 있지만, 그 이면에 존재하는 위험성과 사회적 영향도 함께 고려해야 진정한 만족과 행복을 얻을 수 있을 것입니다.

국어공신 선생님의 어휘 다지기

❶ **자부하다:** 자기 자신 또는 자기와 관련되어 있는 것에 대하여 스스로 그 가치나 능력을 믿고 마음을 당당히 가지다. 예시문 형은 자기의 농구 실력을 자부하고 있었다.
❷ **고도:** 수준이나 정도 따위가 매우 높거나 뛰어남. 예시문 고도로 발달한 현대 의학의 덕택으로 많은 병이 정복되었다.
❸ **경쟁력:** 경쟁할 만한 힘. 예시문 기술 집약적 제품 개발로 국제 시장에서 경쟁력을 강화하다.
❹ **원만하다:** 성격이 모난 데가 없이 부드럽고 너그럽다. 예시문 그는 원만한 성격 때문에 학우들에게 인기가 있다.

비판적 사고 키워 볼까요?

1 다음 내용을 읽고 맞으면 O, 틀리면 ✕를 선택하세요.

① 세계 각국에서 찾아올 정도로 현재 한국의 성형술은 고도로 발달해 있다. (O, ✕)
② 성형 수술로 자신감을 되찾을 수도 있지만, 반면에 잘못된 성형으로 우울증이 발생할 수도 있다. (O, ✕)
③ 논란이 되고 있는 성형 수술은 주로 의료 목적의 재건 성형 수술이다. (O, ✕)
④ 현대 사회에서 외모는 다방면으로 영향을 미치는 중요한 요소이다. (O, ✕)

2 '성형 수술'이란 무엇인가요?

3 '성형 수술이 필요한 이유'는 무엇인가요?

4 다음 단어를 넣어 문장을 만들어보세요.

* 자부하다:
* 경쟁력:
* 원만하다:

5 성형 수술의 보편화가 사회적 가치관이나 인간관계에 어떤 영향을 줄 수 있다고 생각하나요? 긍정적·부정적 측면을 모두 고려해 적어보세요.

 6 다음 논제 '성형 수술은 필요하다.'에 대해 찬성과 반대의 의견을 말하고 그 근거를 적어보세요.

찬성	반대

※ 국어공신 선생님의 **이것만은 꼭!!**

성형 수술은 외모 개선을 통해 자신감을 회복하고 삶의 질을 높이는 데 긍정적인 역할을 할 수 있습니다. 하지만 성형의 확산과 함께 미디어가 강조하는 비현실적인 외모 기준이 사회 전반에 영향을 미치고 있으며, 이는 개인의 다양성과 개성을 억압할 수 있습니다. 성형의 장점을 인정하되, 획일적인 미의 기준을 개선하고 다양한 아름다움을 존중하는 사회적 분위기를 조성하는 것이 더욱 중요합니다.

정치·사회·문화

4주 / 3일

교과 연계: 6-2 도덕_4. 공정한 생활
6-1 사회_2. 우리나라의 경제 발전

대형 마트의 의무 휴업, 꼭 필요할까?

읽기 난이도 좋아요!

[핵심어 체크] □대형마트 □의무휴업 □전통시장 □상생

대형 마트의 '의무 휴업'은 '유통산업발전법'에 따라 지방자치단체가 대형마트나 기업형슈퍼마켓(SSM) 등에 매달 이틀을 휴업하도록 규정한 제도입니다. 이 제도는 2012년 3월부터 시행되었으며, 전통 시장과 골목 상권❶ 등 지역 상권을 보호하고 활성화하기 위한 목적을 가지고 있습니다. 대형 마트의 확산으로 인해 지역 상권이 위축되고 자영업자들이 어려움을 겪는 현실을 반영한 정책이지만, 시행 이후에도 찬반 논쟁은 계속되고 있습니다.

의무 휴업을 찬성하는 입장에서는 중소 상인들이 대기업이 운영하는 대형 마트와 경쟁하기 어렵기 때문에 이 제도가 반드시 필요하다고 주장합니다. 대형 마트가 늘어나면서 골목 상권은 점점 어려워졌고, 폐업❷하는 자영업자❸들도 많아졌습니다. 자영업자들이 잘 살아야 지역 경제도 살아날 수 있다는 점에서, 대형 마트와 전통 시장이 상생❹할 수 있는 방법을 모색해야 한다는 목소리가 큽니다. 의무 휴업은 대형 마트의 독점적 영향력을 일정 부분 제한하고, 지역 상권에 숨통을 틔워주는 역할을 한다는 평가도 있습니다.

하지만 반대하는 입장에서는 대형 마트가 휴업한다고 해서 소비자들이 전통 시장으로 가

대형 마트가 쉬어야 동네 가게들이 숨 쉴 수 있어요!

지는 않는다고 말합니다. 소비자들은 위생과 편의성이 뛰어난 대형 마트를 선호하기 때문에, 의무 휴업일 하루 전에 미리 장을 보는 경우가 많습니다. 실제로 대형 마트 휴업 전날의 매출이 평소보다 높다는 조사 결과도 있습니다. 이들은 의무 휴업이 소비자의 선택권을 제한하는 강제적인 제도라고 비판하며, 전통 시장을 활성화하려면 오히려 시장의 위생과 편의시설을 보완하는 것이 더 효과적이라고 주장합니다. 소비자들이 전통 시장을 외면하는 이유는 단순히 대형 마트의 존재 때문이 아니라, 시장 자체의 경쟁력이 부족하기 때문이라는 분석도 있습니다.

또한 대형 마트 측에서는 의무 휴업이 소상공인❺의 매출 증가에 실질적인 도움이 되지 않는다는 입장을 고수하고 있습니다. 일부 조사에 따르면, 대형 마트가 쉬는 날에도 전통 시장의 매출이 눈에 띄게 증가하지 않았다는 결과가 나오기도 했습니다. 이는 단순히 대형 마트를 쉬게 한다고 해서 소비자의 소비 패턴이 바뀌는 것은 아니라는 점을 보여줍니다. 오히려 소비자들은 불편함을 감수하면서도 대형 마트의 휴업일을 피해 장을 보는 경향이 강하다는 것입니다.

결국 대형 마트의 의무 휴업은 지역 상권 보호와 소비자 권리 사이에서 균형을 어떻게 잡을 것인가에 대한 문제입니다. 전통 시장의 경쟁력을 높이기 위한 정책적 지원과 함께, 소비자의 선택권을 존중하는 방향으로 제도가 개선될 필요가 있습니다. 대형 마트와 전통 시장이 공존할 수 있는 지속 가능한 해법이 요구되는 시점입니다. 단순한 휴업 규정이 아닌, 지역 경제와 소비 문화의 균형을 위한 고민과 실질적인 대안이 함께 마련되어야 할 것입니다.

국어공신 선생님의 어휘 다지기!

❶ **상권**: 상업상의 세력이 미치는 범위. 예시문 그는 대형 상가의 상권을 쥐고 있는 거물이다.
❷ **폐업**: 영업을 하지 않음. 예시문 그 업체는 부도를 내더니 끝내 폐업을 하게 되었다.
❸ **자영업자**: 자신이 직접 사업을 경영하는 사람. 예시문 자영업자의 은행 대출 잔액이 1년 새 크게 증가했다.
❹ **상생**: 둘 이상이 서로 북돋우며 다 같이 잘 살아감. 예시문 자연과 인간은 상생 관계에 있다.
❺ **소상공인**: 상시 근로자 수가 5인 이하인 사업체를 경영하는 사업자. 제조업, 광업, 건설업, 운수업체는 10인 이하. 예시문 소상공인일수록 고객 관리가 더욱 중요하다.

비판적 사고 키워 볼까요?

1 다음 내용을 읽고 맞으면 O, 틀리면 ✕를 선택하세요.

① 대형 마트의 의무 휴업은 전통 시장과 골목 상권을 활성화시키기 위해 마련한 것으로 시행되자마자 눈에 띄는 성과를 거두었다. (O, ✕)

② 대형 마트 등은 의무 휴업 제도가 소상공인 매출 증가에 큰 효과가 없고 소비자의 선택권을 제한한다며 반발한다. (O, ✕)

2 '대형 마트의 의무 휴업'이란 무엇인가요?

3 '대형 마트의 의무 휴업 제도에 대해 찬성하는 입장과 반대하는 입장의 주요 논리'를 각각 적어보세요.

4 다음 단어를 넣어 문장을 만들어보세요.

* 폐업:

* 자영업자:

* 소상공인:

5 대형 마트의 의무 휴업이 전통 시장 활성화에 미치는 실제 효과에 대해 조사 결과를 바탕으로 여러분의 생각을 적어보세요.

6 다음 논제 '대형 마트의 의무 휴업은 필요하다.'에 대해 찬성과 반대의 의견을 말하고 그 근거를 적어보세요.

찬성	반대

※ 국어공신 선생님의 이것만은 꼭!!

대형 마트가 가지고 있는 장점과 전통 시장이 가지고 있는 장점을 적극 활용하고 부족한 점은 보완하면서 대기업과 소상공인이 함께 균형 있는 경제 발전을 이뤄 나가야 합니다. 대형 마트의 의무 휴업제도 중요하지만, 소상공인 스스로가 개선하고 발전시키려는 노력 또한 필요합니다. 제도적 뒷받침과 개개인의 노력이 더해진다면, 대기업과 소상공인 모두가 건강하게 상생할 수 있을 것입니다.

4주 / 4일

교과 연계: 5-1 사회_1. 국토와 우리 생활_우리나라의 산업 발달

키오스크 설치, 확대해야 할까?

[핵심어 체크] □키오스크 □무인결제시스템 □사회적약자 □형평성

패스트푸드점, 카페, 공항, 호텔, 쇼핑몰, 영화관 등 우리 주변 곳곳에서 터치 몇 번으로 주문과 결제를 마칠 수 있는 무인 결제 시스템, 바로 키오스크(Kiosk)가 빠르게 확산되고 있습니다. 키오스크는 공공장소나 매장에서 고객이 직접 정보를 검색하거나 서비스를 이용할 수 있도록 설치된 독립형 전자 단말기입니다. 터치스크린❶ 디스플레이를 통해 주문, 결제, 정보 제공, 티켓 발권, 체크인 등 다양한 기능을 수행하며, 고객 서비스의 효율성을 높이고 인건비❷를 절감하기 위해 도입된 디지털 시스템입니다. 최근 키오스크가 활성화되면서 많은 편리함을 제공하고 있지만, 동시에 이용에 불편함을 호소❸하는 목소리도 적지 않습니다.

먼저 키오스크 설치 확대를 찬성하는 입장에서는 여러 장점을 강조합니다. 무엇보다 매장을 운영하는 업주 입장에서는 인건비를 절감할 수 있다는 점이 가장 큰 이유입니다. 사람을 고용하지 않아도 주문과 결제가 가능하기 때문에 인력 부담이 줄고, 종업원을 교육하는 데 드는 시간과 비용도 절약됩니다. 또한 손님과의 대면❹ 응대❺ 과정에서 생길 수 있는 감정적인 갈등이나 불만도 줄어들어 매장 운영이 한결 원활해집니다. 특히 인력난이 심한 요즘, 키오스크는 일손 부족 문제를 해결하는 데 큰 도움이 됩니다. 고객 입장에서도 줄을 서서

기다릴 필요 없이 빠르고 간편하게 주문과 결제를 마칠 수 있어 효율적인 서비스 이용이 가능합니다.

그러나 키오스크 설치 확대에 대해 반대하는 입장도 분명 존재합니다. 가장 큰 문제는 '모두를 위한 기술'이 아니라는 점입니다. 메뉴 선택, 수량 조정, 결제 방식, 포인트 적립 등 수많은 항목을 스스로 선택해야 하는 과정은 기계 사용에 익숙하지 않은 사람들에게는 큰 부담이 됩니다. 특히 노인, 장애인, 어린이 같은 사회적 약자에게는 복잡한 화면 구성과 빠른 조작 속도가 큰 장벽이 될 수 있습니다. 최근에는 젊은 세대 중에서도 화면 구성이 복잡하거나 결제 방식이 다양한 키오스크 때문에 주문에 어려움을 겪는 사례가 늘고 있습니다. 즉, 업주에게는 편리할 수 있지만, 고객에게는 오히려 불편한 시스템이 될 수도 있는 것입니다.

이처럼 키오스크에는 분명 장점과 단점이 공존합니다. 인건비 절감과 서비스 효율 향상이라는 측면에서는 긍정적이지만, 디지털 기기에 익숙하지 않은 사람들에게는 이용이 어려운 기술입니다. 따라서 앞으로의 과제는 '편리함의 평등'을 실현하는 것입니다. 모든 연령층이 쉽게 이해하고 사용할 수 있도록 디자인을 단순화하고, 음성 안내나 큰 글씨 기능 등을 강화해 누구나 편리하게 이용할 수 있는 환경을 만들어야 합니다. 키오스크가 비용 절감 수단이 아니라, 열린 기술로 자리 잡기 위해서는 사용자 중심의 접근이 필수적입니다. 급변하는 디지털 시대 속에서도 사람 간의 배려와 포용이 함께해야 진정한 발전이라 할 수 있습니다. 기술의 진보가 모두를 위한 방향으로 나아갈 때, 키오스크는 사회적 효율성과 인간 중심의 가치를 동시에 실현할 수 있을 것입니다.

국어공신 선생님의 어휘 다지기!

❶ **터치스크린**: 화면의 특정 부분을 손이나 장치로 터치하면 명령이 실행되는 접촉식 디스플레이 장치.
  예시문 그는 무거운 쿼티 자판을 탈피하고 풀 터치스크린을 채택했다.
❷ **인건비**: 사람을 부리는 데에 드는 비용. 예시문 인건비를 줄이다.
❸ **호소**: 억울하거나 딱한 사정을 남에게 간곡히 알림. 예시문 그의 호소에 마음이 동요하다.
❹ **대면**: 서로 얼굴을 마주 보고 대함. 예시문 그들은 뜻밖의 대면에 할 말을 잃었다.
❺ **응대**: 부름이나 물음 또는 요구 따위에 응하여 상대함. 예시문 몇 번 물어보았으나 어떤 응대도 없다.

비판적 사고 키워 볼까요?

1 다음 내용을 읽고 맞으면 O, 틀리면 X를 선택하세요.

① 키오스크는 패스트푸드점, 카페, 공항, 호텔, 쇼핑몰, 영화관 등에서 사용되는 무인 디지털 시스템이다. (O, X)

② 키오스크를 이용하면 매장 직원과 고객의 갈등이 심해질 수 있다. (O, X)

③ 매장에 키오스크를 설치하면 인건비를 줄일 수 있고 업무 효율성이 증진된다. (O, X)

2 '키오스크(Kiosk)'란 무엇인가요?

3 키오스크가 매장 운영자에게 제공하는 주요 장점은 무엇이며, 그로 인해 어떤 변화가 기대되는지 설명해보세요.

4 키오스크의 확대가 사회 전반에 긍정적인 영향만 미칠까요? 키오스크의 영향력과 관련해 여러분의 생각을 적어보세요.

5 생각 넓히기 키오스크 이용 시 사회적 약자들이 겪는 불편함에는 어떤 것들이 있으며, 이를 해결하기 위한 방안에 대해 여러분의 생각을 적어보세요.

6 논리력 키우기 다음 논제 '키오스크 설치를 확대해야 한다.'에 대해 찬성과 반대의 의견을 말하고 그 근거를 적어보세요.

아주 중요한 문제야!

찬성	반대

✳ 국어공신 선생님의 **이것만은 꼭!!**

한 걸음 더 깊이

디지털 시대, 세상은 하루가 다르게 발전하고 있으며 우리도 그 변화에 발맞춰 디지털 시민이 되어야 합니다. 하지만 발전도 중요하지만 소외되는 사람 없이 모두가 발전된 디지털 문화를 향유할 수 있는 기반을 마련하는 것이 먼저 아닐까요? 빠르고 정확하며 효율성 있는 디지털 기기의 발전과 더불어 사용자의 눈높이를 고려해 모두가 만족할 수 있는 진짜 디지털 세상을 기대해봅니다.

정치·사회·문화

4주 / 5일

교과 연계: 5-1 사회_2. 인권 존중과 정의로운 사회
6-1 도덕_1. 내 삶의 주인은 바로 나

학생들의 교복 착용, 필요할까?

읽기 난이도 좋아요!

[핵심어 체크] ☐학생 ☐교복 ☐공동체의식 ☐자율복 ☐개성

우리나라 대부분의 중학교와 고등학교에서는 교복 착용을 의무화하고 있습니다. 학생들이 교복을 착용해야 하는가에 대한 문제는 오랜 시간 동안 찬반이 나뉘며 논란이 되어왔습니다. 교복 착용의 필요성에 대해 다양한 시각이 존재하며, 각각의 입장은 나름의 근거를 가지고 있습니다.

먼저 교복 착용을 찬성하는 입장을 살펴보면, 학생들이 교복을 입음으로써 학교에 대한 소속감❶과 공동체 의식을 강화할 수 있다는 점을 강조합니다. 가정환경이나 경제적 수준에 관계없이 모든 학생이 동일한 옷을 입게 되면 평등한 분위기 속

교복 착용을 통해 공동체 의식을 느낄 수 있어!

에서 학업에 집중할 수 있으며, 자연스럽게 학교의 규율을 익히고 따르면서 또래들과의 유대감을 형성하게 됩니다. 이는 학생들에게 책임감을 심어주고, 공동체 속에서의 역할을 인식하게 하는 긍정적인 효과를 가져올 수 있습니다.

또한 교복은 경제적인 측면에서도 장점이 있습니다. 유행하는 고가 브랜드의 옷을 구매하지 않아도 되기 때문에 부모님의 부담을 줄일 수 있고, 학생들 역시 옷차림에 대한 스트레스를 덜 수 있습니다. 또래들이 입는 비싼 옷을 자신만 입지 못해 위축❷되는 상황을 피할 수 있으며, 옷차림에 신경 쓰지 않아도 되므로 학업에 더욱 전념❸할 수 있다는 주장도 있습니다.

반면, 교복 착용을 반대하는 입장에서는 청소년기의 특성을 고려해야 한다고 말합니다. 청소년기는 외모에 관심이 많고 개성을 표현하려는 욕구가 강한 시기이기 때문에, 자신이 원하는 옷을 입지 못하고 교복이라는 획일화❹된 옷을 강제로 입게 되면 자아정체감 형성에 부정적인 영향을 줄 수 있다는 것입니다. 자유롭게 자신을 표현할 수 있는 기회를 제한하는 것은 청소년의 성장 과정에 있어 바람직하지 않다는 의견입니다.

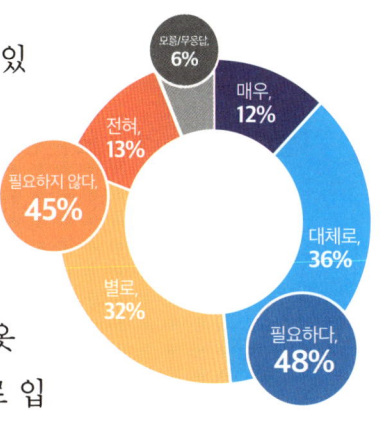

▲ 경기도교육청의 '학생 교복 필요성' 설문 결과

또한 교복은 활동성이 많은 청소년들에게 불편함을 줄 수 있습니다. 디자인이나 소재가 학생들의 움직임을 충분히 고려하지 않은 경우가 많아 학교 생활 중 불편함을 느끼게 되고 이는 집중력 저하와 학업 성취도에도 영향을 미칠 수 있습니다. 특히 여름철이나 겨울철에는 교복의 통풍이나 보온 기능이 부족해 불편함이 더욱 커진다는 지적도 있습니다.

이처럼 교복 착용에 대한 논의는 단순히 옷을 입는 문제를 넘어, 학생들의 자율성과 평등, 경제적 부담, 학업 집중도 등 다양한 요소가 얽혀 있는 복합적인 주제입니다. 교복의 장점과 단점이 공존하는 만큼, 학생들의 의견을 충분히 반영하고 시대의 흐름에 맞는 유연한 정책이 필요합니다. 교복 착용이 반드시 필요한가에 대한 답은 단순하지 않으며, 학교와 학생, 학부모가 함께 고민하고 결정해야 할 문제입니다.

집중

국어공신 선생님의 어휘 다지기!

❶ **소속감**: 자신이 어떤 집단에 속되어 있다는 느낌. 예시문 나는 지금 다니고 있는 회사에 강한 소속감을 느낀다.
❷ **위축**: 어떤 힘에 눌려 졸아들고 기를 펴지 못함. 예시문 경기 위축으로 주식 거래량이 줄었다.
❸ **전념**: 오직 한 가지 일에만 마음을 씀. 예시문 농촌 부흥 운동에 전념하다.
❹ **획일화**: 모두가 한결같아서 다름이 없게 됨. 예시문 획일화된 사고를 일방적으로 강요하다.

비판적 사고 키워 볼까요?

1 다음 내용을 읽고 맞으면 O, 틀리면 X를 선택하세요.

① 우리나라 대부분의 중학교와 고등학교에서는 교복 착용을 의무화하고 있다. (O, X)
② 학생들이 교복을 착용함으로써 학교의 소속감과 공동체 의식을 강화할 수 있다. (O, X)
③ 교복을 착용함으로써 학생들 사이에 유행하는 고가 브랜드의 옷을 구매하지 않아도 되기 때문에 부모님의 경제적 부담을 덜어줄 수 있다. (O, X)

2 학생들이 교복을 착용함으로써 '학교의 소속감과 공동체 의식을 강화할 수 있다는 근거'는 무엇인가요?

3 '교복 착용의 장점과 단점'은 무엇인가요?

4 <보기>에서 알맞은 단어를 찾아 괄호 안에 넣어보세요.

> 기본적인 문해력이야!

보기   ㉠전념 ㉡획일화 ㉢소속감 ㉣위축 ㉤성취도

① 자신이 어떤 집단에 소속되어 있다는 느낌. (   )
② 어떤 힘에 눌려 졸아들고 기를 펴지 못함. (   )
③ 오직 한 가지 일에만 마음을 씀. (   )
④ 모두가 한결같아서 다름이 없게 됨. (   )

5 청소년기의 개성과 자아정체감 형성 측면에서 교복 착용이 미치는 긍정적 혹은 부정적 영향에 대해 여러분의 경험이나 생각을 적어보세요.

6 다음 논제 '학생은 교복을 입어야 한다.'에 대해 찬성과 반대의 의견을 말하고 그 근거를 적어보세요.

아주 중요한 문제야!

찬성	반대

 국어공신 선생님의 이것만은 꼭!!

한 걸음 더 깊이

교복은 소속감과 평등성을 높이는 장점이 있지만, 활동성이 떨어진다는 단점도 존재합니다. 최근에는 이러한 문제를 개선하기 위해 디자인과 소재를 실용적으로 바꾼 교복들이 등장하고 있습니다. 교복 착용에 대한 찬반 논의에 앞서, 학생들이 편안하게 활동할 수 있도록 기능성과 실용성을 강화하고, 가격 또한 합리적으로 책정하는 것이 무엇보다 중요합니다. 그러므로 학생을 최우선으로 생각하며 교복의 단점을 개선해 나가야 합니다.

교과 연계: 5-1 사회_2. 인권 존중과 정의로운 사회
6-1 도덕_1. 내 삶의 주인은 바로 나

고교학점제, 시행해야 할까요?

[핵심어 체크] ☐고교학점제 ☐맞춤형교육 ☐자율성 ☐다양성 ☐형평성

읽기 난이도 좋아요!

　고교학점제는 2025년부터 우리나라 고등학교에서 전면적❶으로 시행될 제도로, 학생들이 자신의 진로와 적성에 맞춰 다양한 과목을 자유롭게 선택하고 정해진 학점을 이수해야 졸업을 인정받는 제도입니다. 기존의 획일화❷된 교육 과정에서 벗어나 학생 개개인의 흥미와 적성을 반영한 맞춤형 교육이라는 점에서 큰 의미를 지닙니다. 그러나 제도 시행을 앞두고 교사, 학생, 학부모들 사이에서 기대와 함께 우려의 목소리도 커지고 있어 찬반 논란이 지속되고 있습니다.

　먼저 고교학점제에 찬성하는 입장은 학생들의 자기 주도 학습❸ 능력 향상을 가장 큰 장점으로 봅니다. 학생들이 자신의 관심사와 진로에 맞는 과목을 스스로 선택해 수강하기 때문에 학습에 대한 동기부여❹가 커지고, 자신이 선택한 과목이기에 책임감 있게 공부할 수 있습니다. 이로 인해 학습 효율이 높아지고, 학업 성취감도 커질 수 있습니다. 또한 학생들은 다양한 과목을 통해 자신의 적성과 흥미를 탐색하면서 진로를 구체적으로 설계할 수 있습니다. 획일적인 교육이 아닌 선택 중심의 교육을 통해 학생 개개인의 다양성과 잠재력을 존중할 수 있으며, 이는 미래 사회가 요구하는 창의적이고 자기 주도적인 인재를 길러내는 데 도움이 됩니다.

　반면 고교학점제에 반대하는 입장은 현실적인 문제와 교육 격차를 우려합니다. 고교학점제를 운영하기 위해서는 다양한 과목에 맞는 교사와 학습 공간이 필요하지만, 현재 대부분의 학교는 이러한 교육 자원을 충분히 확보하기 어렵습니다. 특히 규모가 작은 학교나 농어촌 지역 학교는 교사 부족과 시설 한계로 인해 학생들의 선택 과목이 제한될 가능성이 큽니다. 또한 과목 선택과 학사 운영이 복잡해지면서 교사들의 행정 업무가 가중되고, 수업 준비와 학생 상담에 쓸 시간이 줄어들 수 있습니다. 더 나아가 정보력과 학습 능력이 뛰어난 학생은 다양한 과목을 전략적으로 선택해 대입 준비에 유리할 수 있지만, 그렇지 못한 학생은 진로 설계에 어려움을 겪고 학습 격차가 커질 수 있습니다. 결과적으로 제도의 취지는 좋지만, 학교 간·학생 간 불평등이 심화될 위험이 존재합니다.

▲ 부산 지역 고등학생들이 고교학점제는 학생 개개인의 과목 선택권 등을 넓히지 못한다는 취지의 기자회견을 열고 있다.

이처럼 고교학점제는 학생 중심의 교육 혁신이라는 장점과 현장의 현실적 한계라는 단점이 공존하는 제도입니다. 성공적인 정착을 위해서는 학교가 충분한 교사 인력과 시설을 확보해야 하며, 교사들의 행정 부담을 줄일 수 있는 제도적 지원이 필요합니다. 또한 학생들이 진로에 맞는 과목을 올바르게 선택할 수 있도록 진로 상담과 학습 설계 지도를 강화해야 합니다.

결국 고교학점제는 단순한 제도 개편이 아니라 미래 교육으로의 전환점입니다. 학생의 자율성과 다양성을 존중하면서도 교육 기회의 형평성을 보장할 수 있는 체계적인 준비와 노력이 뒷받침될 때, 고교학점제는 진정한 의미의 성공적인 교육 제도로 자리 잡을 수 있을 것입니다.

국어공신 선생님의 어휘 다지기!

❶ **전면적:** 일정한 범위 전체에 걸치는 것. 예시문 정부는 개혁 요구를 전면적으로 수용했다.
❷ **획일화:** 모두가 한결같아서 다름이 없게 됨. 예시문 획일화된 사고를 일방적으로 강요하다.
❸ **자기 주도 학습:** 학습의 전체 과정을 본인의 의사에 따라 선택하고 결정하여 행하는 학습 형태.
예시문 자기 주도 학습은 시험이나 입시를 위한 것만은 아니다.
❹ **동기부여:** 학습자의 학습 의욕을 불러일으키는 일. 예시문 선생님의 칭찬이 동기 부여가 되어 나는 더욱 열심히 공부하였다.

비판적 사고 키워 볼까요?

1 다음 내용을 읽고 맞으면 O, 틀리면 ✕를 선택하세요.

① 고교학점제는 학생들이 자신의 진로와 적성에 맞춰 다양한 과목을 자유롭게 선택하고, 정해진 학점을 이수해야 졸업을 인정받는 제도이다. (O, ✕)

② 고교학점제 반대 측 입장은 고교학점제를 실시하려면 그에 필요한 학습 자원이 필요한데 현실적으로 마련하기 힘들다고 주장한다. (O, ✕)

2 '고교학점제'란 무엇인가요?

3 '고교학점제를 찬성하는 입장의 근거와 반대하는 입장의 근거'는 무엇인가요?

4 고교학점제가 교육 격차를 심화시킬 수 있다는 주장에 대해 자신의 의견을 논리적으로 서술해보세요.

5 고교학점제가 성공적으로 시행되기 위해 개선해야 할 점은 무엇이라고 생각하나요?

6 다음 논제 '고교학점제를 시행해야 한다.'에 대해 찬성과 반대의 의견을 말하고 그 근거를 적어보세요.

찬성	반대

✷ 국어공신 선생님의 이것만은 꼭!!

2025년부터 시행되는 고교학점제는 학생들에게 과목 선택의 자율성을 부여해 학습에 대한 책임감과 흥미를 높이고, 사회에 필요한 다양한 역량을 갖춘 인재를 양성하는 것을 목표로 합니다. 새롭게 개편되는 학제인 만큼 여러 난관이 예상되지만, 지역 간·학생 간 교육 격차가 커지지 않도록 교사·학생·학부모 모두가 만족할 수 있는 교육 인프라 구축이 무엇보다 중요합니다.

4주 / 7일

교과 연계: 5-1 사회_2. 인권 존중과 정의로운 사회
6-1 도덕_1. 내 삶의 주인은 바로 나

청소년 이성 교제, 허용해야 할까?

【핵심어 체크】 ☐청소년 ☐이성교제 ☐정서발달 ☐자아정체감 ☐성장

이성 교제는 자아 정체감 형성에 도움을 줄 수 있어!

읽기 난이도 좋아요!

학교와 학원에서 보내는 시간이 많아지고, 소셜 미디어❶(social media)를 비롯한 청소년들의 인터넷 사용 시간이 늘어나면서 청소년들이 이성 친구를 만날 확률도 높아지고 있습니다. 이러한 환경 속에서 서로에게 호기심을 느끼고 자연스럽게 이성 교제를 시작하는 청소년들이 늘어나고 있습니다. 그렇다면 청소년기의 이성 교제에는 어떤 장점과 단점이 있을까요?

먼저 청소년기의 이성 교제가 가지는 긍정적인 영향을 살펴보면, 건강한 교제는 정서 발달과 자아 정체감 형성에 큰 도움이 됩니다. 청소년기는 감정이 풍부하고 타인과의 관계 속에서 자신을 발견해 가는 시기입니다. 이 시기에 이성 친구와 감정을 교류하며 소통하는 경험은 공감 능력과 사회성을 기르는 데 긍정적인 역할을 합니다. 또한 요즘 청소년들은 학업과 스마트폰 사용으로 인해 외부 활동이 줄어드는 경향이 있습니다. 하지만 이성 친구와 함께 산책을 하거나 운동, 문화생활을 즐기며 교류한다면 정서적 안정감과 신체적 활력을 얻을 수 있습니다. 서로의 감정을 존중하고 배려하는 관계를 통해 책임감과 성숙함을 배우는 것은 앞으로의 인간관계 형성에도 큰 도움이 됩니다.

하지만 이성 교제에는 부정적인 측면도 존재합니다. 이성 교제는 성인들에게도 결코 쉽지 않은 관계이며, 감정 조절이 미숙한 청소년들에게는 더 큰 부담이 될 수 있습니다. 특히 이별로 인한 후유증❷은 학업이나 진로, 대인 관계

에 지장을 주어 불안이나 우울감으로 이어질 수 있습니다. 또한 청소년기는 자기 통제력과 판단력이 충분히 발달하지 않은 시기이기 때문에 충동적인 행동으로 인해 예기치 못한 결과를 초래할 수 있습니다. 실제로 최근 증가하고 있는 낙태와 미혼모 문제는 미성숙한 이성 교제의 심각성을 보여줍니다. 호기심은 왕성❸하지만 절제력은 부족한 시기이므로, 건강하지 못한 교제는 미래의 삶에 부정적 영향을 미칠 수 있습니다.

그럼에도 불구하고 이성에 대한 관심과 호기심은 자연스러운 성장의 일부입니다. 중요한 것은 감정을 올바르게 표현하고 책임감 있게 관리하는 것입니다. 청소년들이 서로를 존중하며 신중하게 교제한다면, 학업에 대한 의욕을 되찾고 정서적으로 안정감을 얻는 등 긍정적인 변화를 경험할 수 있습니다. 건강한 교제는 자신과 타인에 대한 이해를 넓히고, 협동과 배려의 가치를 배우는 과정이 되기도 합니다.

이를 위해서는 학교와 가정의 역할이 매우 중요합니다. 교사와 부모는 청소년들의 감정을 단순히 억누르기보다, 바람직한 이성 교제의 방향을 제시해야 합니다. 열린 대화와 신뢰를 바탕으로 청소년들이 스스로 감정을 조절하고 올바른 선택을 할 수 있도록 지도해야 합니다.

청소년들은 미래의 꿈나무이자 우리 사회의 희망입니다. 그들이 사랑과 관계 속에서 상처받지 않고 성숙하게 성장하기 위해서는 어른들의 현명한 이해와 따뜻한 지도가 필요합니다. 청소년들이 올바른 가치관과 정서를 함양❹하여 건강한 교제를 이어간다면, 이성 교제는 단순한 연애를 넘어 성숙한 인격을 형성하고 삶의 방향을 배우는 소중한 성장의 발판이 될 것입니다.

국어공신 선생님의 어휘 다지기!

❶ **소셜 미디어:** (흔히 SNS라 부르는) 자신의 생각과 의견, 경험, 관점 등을 서로 공유하기 위해 사용하는 개방화된 온라인상의 콘텐츠. 예시문 소셜 미디어 네트워크가 요즘 대세야.
❷ **후유증:** 어떤 일을 치르고 난 뒤에 생긴 부작용. 예시문 그는 과로의 후유증으로 감기 몸살을 앓고 있다.
❸ **왕성하다:** 매우 활발하다. 예시문 식욕이 왕성하다.
❹ **함양:** 능력이나 품성 따위를 길러 쌓거나 갖춤. 예시문 사회에 대한 봉사심을 함양하다.

비판적 사고 키워 볼까요?

1 다음 내용을 읽고 맞으면 O, 틀리면 ✕를 선택하세요.

① 청소년기의 건강한 이성 교제는 청소년들의 정서 발달과 자아 정체감 형성에 도움이 된다. (O, ✕)

② 청소년기 이별의 후유증은 학업과 진로에 지장을 줄 수 있다. (O, ✕)

③ 청소년기의 건강한 이성 교제는 대인 관계에 긍정적 영향을 미칠 수 있다. (O, ✕)

2 과거에 비해 '오늘날 청소년들의 이성 교제 비율이 높아진 이유'는 무엇인가요?

3 '청소년기 이성 교제의 장점 및 단점'은 무엇인가요?

4 <보기>에서 알맞은 단어를 찾아 괄호 안에 넣어보세요.

보기   ㉠소셜 미디어   ㉡후유증   ㉢왕성하다   ㉣함양   ㉤교제

① 매우 활발하다. (   )

② 능력이나 품성 따위를 길러 쌓거나 갖춤. (   )

③ (흔히 SNS라 부르는) 자신의 생각과 의견, 경험, 관점 등을 서로 공유하기 위해 사용하는 개방화된 온라인상의 콘텐츠. (   )

④ 어떤 일을 치르고 난 뒤에 생긴 부작용. (   )

5 생각 넓히기

청소년들이 건강한 이성 교제를 하기 위해 학교와 가정에서 어떤 역할을 해야 한다고 생각하나요? 바람직한 지도 방법을 중심으로 적어보세요.

아주 중요한 문제야!

 6 논리력 키우기

다음 논제 '청소년의 이성 교제는 필요하다.'에 대해 찬성과 반대의 의견을 말하고 그 근거를 적어보세요.

찬성	반대

한 걸음 더 깊이

※ 국어공신 선생님의 이것만은 꼭!!

청소년기의 이성 교제는 성인이 되어 건강한 인간관계를 형성하는 데 중요한 초석이 됩니다. 서로를 존중하고 배려하는 마음으로 교제하면 책임감을 배우고 사회성도 향상됩니다. 하지만 감정이 앞서게 되면 상처와 후유증이 남아 성인이 된 후에도 교제에 어려움을 겪을 수 있습니다. 청소년들이 성에 대한 올바른 가치관을 확립할 수 있도록 학교와 가정의 세심한 지도가 필요합니다.

5주 / 1일

교과 연계: 6-2 사회_1. 세계의 여러 나라들

자랑스러운 한국, K-문화의 한류 열풍

[핵심어 체크] □한류 □K-POP □K드라마 □K푸드 □전통문화

읽기 난이도 좋아요!

1990년대 후반부터 한국 문화는 세계 문화와의 교류❶를 확장❷하며 빠르게 발전해 왔습니다. 그 결과 오늘날 전 세계적으로 '한류'라 불리는 열풍❸이 거세게 일고 있습니다. 한류란 한국의 대중문화가 세계 여러 나라로 퍼져 나가 해외 곳곳에서 유행하고 사랑받는 현상을 말합니다. 특히 'K-POP'이라 불리는 한국의 음악을 비롯해 드라마, 영화가 세계인의 마음을 사로잡으며, 한국은 이제 문화를 소비하는 나라에서 문화를 수출하는 문화 강국으로 성장했습니다.

한류는 음악, 영화, 드라마 같은 엔터테인먼트 분야를 넘어 패션, 화장품, 음식, 관광 등 한국의 다양한 문화 영역으로 확산되고 있습니다. 문화체육관광부와 한국문화정보원이 발표한 '2024년 글로벌 한류 트렌드 분석 보고서'에 따르면, 한류 관련 기사는 아시아가 50.6%로 가장 많았으며, 유럽이 27.5%, 북미가 13.6%로 뒤를 이었습니다. 특히 K-POP 콘텐츠의 비중이 높았는데, 세계적인 그룹 'BTS'와 '블랙핑크'의 활동이 주요 화제로 다뤄졌습니다. 이들은 한국어로 노래하면서도 전 세계 팬들과 소통하며, 음악을 넘어 한국 문화의 매력을 세계에 전하고 있습니다.

한류의 확산은 K-푸드(한국 음식)에서도 두드러집니다. 보고서에 따르면 주요 화제어로는 '김치', '치킨', '비빔밥', '불닭볶음면'이 꼽혔으며, 특히 '먹방(mukbang)'이라는 단어가 전 세계적으로 인기를 얻었습니다. 유튜브와 SNS를 통해 한국의 다양한 음식이 소개되면서 외국인들이 직접 한국 음식을 만들어 먹거나 한국 식당을 찾는 모습이 확산되고 있습니다. K-푸드는 이제 단순한 요리를 넘어, 한국의 정서와 문화를 알리는 하나의 콘텐츠로 자리 잡았습니다.

또한 한국 영화와 드라마의 세계적 위상도 높아지고 있습니다. 영화 '파묘', '범죄도시4', 드라마 '오징어게임2', '눈물의 여왕' 등은 국내를 넘어 해외에서도 큰 사랑을 받았습니다. 특히 '오징어게임'의 성공은 한국 드라마의 창의성과 완성도를 전 세계에 알리는 계기가 되었으며, 이후 한국 콘텐츠는 글로벌 OTT 플랫폼을 통해 전 세계 시청자들과 만나는 문화 교류의 장이 되었습니다.

▲ 넷플릭스 영화 '오징어 게임2'

이처럼 한국 문화는 세계 문화의 중심으로 자리매김했습니다. 그러나 이러한 성취에 자만❹해서는 안 됩니다. 한류가 일시적인 유행으로 그치지 않기 위해서는 세계화의 흐름에 맞춰 새롭고 다양한 콘텐츠를 지속적으로 개발해야 합니다. 또한 재능 있는 청소년들을 적극 지원하여 글로벌 문화 산업을 이끌 인재로 성장시킬 필요가 있습니다.

아울러 김치와 한복이 해외에서 큰 사랑을 받았듯, 우리 고유의 전통문화의 가치와 아름다움을 계승하고 널리 알리려는 꾸준한 노력이 필요합니다. 전통과 현대가 조화를 이루는 콘텐츠를 발전시킨다면, 한국 문화는 단순한 유행을 넘어 세계인이 공감하고 존중하는 지속 가능한 문화로 자리 잡을 것입니다.

국어공신 선생님의 **어휘 다지기!**

❶ **교류**: 문화나 사상 따위가 서로 통함. 예시문 남북한 교류가 확대되고 있다.
❷ **확장**: 범위, 규모, 세력 따위를 늘려서 넓힘. 예시문 고속 도로 확장이 시급하다.
❸ **열풍**: 매우 세차게 일어나는 기운이나 기세. 예시문 과외 열풍은 가계 부담을 엄청나게 가중시키고 있다.
❹ **자만**: 자신이나 자신과 관련 있는 것을 스스로 자랑하며 뽐냄. 예시문 상대가 약체라 하더라도 자만은 금물이다.

비판적 사고 키워 볼까요?

1 다음 내용을 읽고 맞으면 O, 틀리면 X를 선택하세요.

① 한류란 한국의 대중문화가 전 세계적으로 유행하게 되는 현상이다. (O, X)
② 음악, 영화, 드라마뿐만 아니라 패션, 화장품, 음식, 관광 등 한국의 전반적인 문화가 전 세계에 영향을 미치고 있다. (O, X)
③ 한국 문화의 세계화를 위해서는 우리 고유의 전통문화를 계승하고 널리 알리려는 지속적인 노력이 필요하다. (O, X)

2 '한류를 이끄는 한국의 문화에는 어떤 것'이 있나요?

3 '한국 문화가 세계의 흐름을 주도하기 위해서는 어떤 노력'이 필요한가요?

4 <보기>에서 알맞은 단어를 찾아 괄호 안에 넣어보세요.

> 보기   ㉠교류 ㉡확장 ㉢열풍 ㉣자만 ㉤조화

① 문화나 사상 따위가 서로 통함. (   )
② 매우 세차게 일어나는 기운이나 기세. (   )
③ 자신이나 자신과 관련 있는 것을 스스로 자랑하며 뽐냄. (   )
④ 범위, 규모, 세력 따위를 늘려서 넓힘. (   )

5 한류 콘텐츠가 세계인의 관심을 끌면서 한국의 이미지에 어떤 영향을 미쳤다고 생각하나요? 긍정적 변화를 중심으로 적어보세요.

생각 넓히기

6 다음 논제 'K-POP 중심의 한류는 한국 문화의 다양성을 해치고 있다고 볼 수 있는가?'에 대해 찬성과 반대 의견을 말하고 그 근거를 적어보세요.

논리력 키우기

아주 중요한 문제야!

찬성	반대

※ 국어공신 선생님의 이것만은 꼭!!

한 걸음 더 깊이

전 세계적으로 한국 문화가 사랑받으며 한류 열풍이 지속되는 것은 매우 반가운 일입니다. 그러나 그 흐름 속에서 김치와 한복 논쟁처럼 우리 고유 문화가 왜곡되거나 부정되는 부작용도 나타나고 있습니다. 우리의 문화를 세계에 알리는 것도 중요하지만, 그보다 먼저 우리 전통문화를 올바르게 이해하고 지켜내려는 노력이 절실한 시점입니다. 소중한 문화, 우리 손으로 지켜 나갑시다.

인물·역사

인물·역사

5주 / 2일

교과 연계: 6-1 국어_8. 인물의 삶을 찾아서

조선 최고의 성군, 세종 대왕

[핵심어 체크] □조선 □성군 □세종대왕 □한글창제 □문화발전

▲ 세종대왕은 한글 창제, 과학 기술, 예술, 문화, 국방 등 다양한 업적을 남겼다.

조선 제4대 왕 세종은 집현전을 설치하여 유능한 학자들을 양성하고, '훈민정음(한글)'을 창제하는 등 학문과 문화 발전에 크게 기여한 성군입니다. 그는 이천, 장영실 등에게 측우기, 해시계, 물시계 등 다양한 과학 기구를 발명하도록 장려하며 과학 기술의 발전에도 힘썼습니다. 또한 국토 개발과 영토 확장에도 적극적으로 나서 조선의 기반을 튼튼히 다졌습니다.

세종이 재위하던 시대에는 왕권❶과 신권❷이 조화를 이루며 정치가 안정되었고, 경제와 문화도 크게 발전하여 우리 역사상 최고의 문화 전성기를 이루었습니다. 그는 정치를 할 때 늘 백성을 중심에 두고 생각하는 어진 왕이었습니다. 백성들이 바쁜 농사철에는 관청에서 사업을 벌이지 못하도록 지시하였고, 정초에게 농서❸를 짓게 하여 새로운 농법을 소개한 『농사직설』을 편찬하고 전국에 보급함으로써 농업 생산성을 높이고 백성들의 삶을 개선하고자 했습니다.

세종의 가장 위대한 업적은 바로 '훈민정음'의 창제입니다. 훈민정음은 '백성을 가르치는 바른 소리'라는 뜻으로, 1443년에 창제되어 1446년에 반포되었습니다. 당시 우리나라는 중국의 한자를 사용하고 있었지만, 한자는 매우 어려워 왕이나 양반을 제외한 대부분의 백성들은 읽거나 쓰기 힘들었습니다. 많은 백성들이 의사 표현에 고충을 겪는 것을 안타깝게 여긴 세종은 집현전 학자들을 독려하여 백성이 쉽게 배우고 사용할 수 있는 글자인 훈민정음을 만들었습니다.

하지만 당시 최만리를 비롯한 일부 신하들은 중국과 다른 문자를 만드는 것은 큰 나라를 모시는 예의에 어긋나며, 스스로 오랑캐❹가 되는 것이라며 훈민정음 창제에 강하게 반대했습니다. 이에 대해 세종은 "나라의 근본은 백성이며, 백성들이 편하게 살 수 있도록 하는 것이 임금의 도리이다. 우리가 잘 쓸 수 있는 쉬운 글자를 만들어야 백성들이 편하게 사용할 수 있다."라고 말하며 반대에도 불구하고 훈민정음을 창제하고 널리 보급하도록 힘썼습니다.

한글은 적은 수의 글자로 거의 모든 소리를 표현할 수 있고, 누구나 배우기 쉽도록 체계적으로 만들어졌기 때문에 세계의 유수한 학자들은 한글을 '가장 과학적이고 합리적인 문자'라고 평가하며 찬사를 아끼지 않고 있습니다. 이러한 훈민정음은 그 가치를 인정받아 1997년 유네스코 세계 기록 유산에 등재되었습니다.

세종은 국토 확장과 국방 강화에도 힘을 쏟았습니다. 최윤덕과 이천을 압록강 쪽으로 보내 4군을 설치하였고, 대마도를 정벌하여 해상 안보를 강화했습니다. 또한 북방에는 김종서를 보내 여진족을 물리치게 한 뒤 6진을 개척하여 압록강에서 두만강까지 영토를 확장함으로써 조선의 국경을 안정시켰습니다.

이렇듯 세종은 정치, 문화, 과학, 국방 등 다양한 분야에서 수많은 업적을 남기며 조선의 태평성대❺이자 황금시대를 이끌었습니다. 그는 조선 최고의 성군으로 불리며 오늘날까지도 많은 사람들의 존경을 받고 있습니다.

집중

국어공신 선생님의 어휘 다지기!

❶ **왕권:** 임금이 지닌 권력이나 권리. 예시문 왕의 적자에게 왕권을 물려주다.
❷ **신권:** 신하가 지닌 권력이나 권리. 예시문 세종대왕은 신권 강화에 힘을 쏟았다.
❸ **농서:** 농사에 관한 여러 가지 사항을 적은 책. 예시문 그는 농서를 사서 새로운 경작법을 연구하는 근면한 농민이다.
❹ **오랑캐:** 두만강 일대의 만주 지방에 살던 여진족을 멸시하여 이르던 말. 예시문 19세기 말에는 서양 오랑캐가 물밀듯이 쳐들어왔다.
❺ **태평성대:** 어진 임금이 잘 다스리어 태평한 세상이나 시대. 예시문 태평성대를 누리다.

비판적 사고 키워 볼까요?

1 다음 내용을 읽고 맞으면 O, 틀리면 X를 선택하세요.

① 세종 재위 시대에는 다양한 과학 기구가 발명되었고 농서도 널리 보급되었으며 영토도 확장되어 태평성대를 이룩하였다. (O, X)
② 훈민정음은 '백성을 가르치는 바른 소리'라는 뜻을 담고 있다. (O, X)
③ 『훈민정음』은 과학성과 합리성을 인정받아 1997년 유네스코 세계 기록 유산에 등재되었다. (O, X)
④ 세종은 정치를 할 때 늘 백성을 중심에 두고 제일 먼저 생각하는 어진 왕이었다. (O, X)

2 세종 대왕이 '훈민정음을 창제한 이유'는 무엇인가요?

3 최만리 같은 일부 학자들이 '훈민정음 창제를 반대한 이유'는 무엇인가요?

4 다음 단어를 넣어 문장을 만들어보세요.

* 왕권:
* 농서:
* 태평성대:

훈민정음이 오늘날까지도 높이 평가받는 이유는 무엇인가요? 과학적·문화적 측면에서 그 가치를 설명해보세요.

 다음 논제 '한글 창제는 당시 사회 질서를 흔들 수 있었기 때문에 세종대왕은 좀 더 신중해야 했다.'에 대해 찬성과 반대의 의견을 말하고 그 근거를 적어보세요.

찬성	반대

※ 국어공신 선생님의 이것만은 꼭!!

『훈민정음』은 한글의 창제 목적과 읽고 쓰는 방법을 담고 있으며, 세종 대왕은 이를 3년간 궁궐에서 사용한 뒤 1446년에 널리 알렸습니다. 이후 한글로 조선 건국의 정당성을 노래한 『용비어천가』를 만들었습니다. 훗날 국어학자 주시경 선생이 '한글'이라 명명하였고, 이는 '우리나라의 글'뿐 아니라 '가장 크고 좋은 글'이라는 뜻도 담고 있습니다.

인물·역사
5주 / 3일

교과 연계: 6-1 국어_8. 인물의 삶을 찾아서

해전 불패의 신화, 충무공 이순신

[핵심어 체크] □성웅 □이순신 □거북선 □해전불패 □리더십

▲ 이순신 장군은 거북선을 만들어 해전에서 단 한 번도 패하지 않은 업적을 남겼다.

이순신(1545~1598)은 1545년 3월 8일, 한성부 건천동에서 이정과 초계 변씨 사이의 셋째 아들로 태어났습니다. 그는 어려서부터 전쟁놀이를 즐기며 남다른 리더십❶과 책임감을 보였고, 나라를 지키는 장수가 되겠다는 굳은 뜻을 품었습니다. 학문에도 뛰어나 문무를 겸비했지만 무예의 길을 택해 과거 시험을 치렀고, 32세라는 다소 늦은 나이에 무관❷으로 임관했습니다. 그러나 강직하고 청렴결백❸한 성품 때문에 권력자들의 시기와 모함을 받으며 험난한 벼슬길을 걸었습니다.

1586년, 조산보 만호 겸 녹둔도 둔전관으로 부임한 이순신은 국방력 강화를 위해 상관에게 병력 증강을 요청했지만 받아들여지지 않았습니다. 결국 여진족의 침입으로 조선군이 큰 피해를 입게 되었고, 이순신은 책임을 지고 첫 번째 백의종군❹을 하게 됩니다. 그러나 좌절하지 않고 다시 국방을 정비하며 군사 훈련과 무기 수리에 힘썼습니다. 이후 여러 관직을 거쳐 1591년에는 전라좌도 수군절도사로 파격 승진하게 됩니다.

1592년 임진왜란이 일어나자, 이순신은 뛰어난 전략과 통솔력으로 옥포, 사천, 당포, 당항포에서 연전연승을 거두며 일본군의 진격을 막았습니다. 이후 한산도 대첩에서는 학익진 전술을 사용해 일본 수군을 섬멸하였고, 부산포 해전에서도 압도적인 승리를 거두어 조선 수군의 위상을 드높였습니다. 이러한 공로로 1593년에는 삼도수군통제사로 임명되었습니다. 그러나 이듬해 조정의 무리한 출전 명령을 거역했다는 이유로 파직되어 한성 의금부에 투옥되며, 두 번째 백의종군을 하게 됩니다.

▲ 거북선은 임진왜란 당시 활약했던 조선 수군의 군함이다.

1597년, 일본이 다시 침략한 정유재란이 일어나자 이순신의 후임 원균이 칠천량 해전에서 대패하면서 조선 수군은 거의 전멸하게 됩니다. 이 위급한 상황에서 조정은 다시 이순신을 삼도수군통제사로 복귀시켰습니다. 하지만 그때 조선 수군에게 남은 배는 고작 12척(혹은 13척)에 불과했습니다. 이순신은 절망적인 상황에서도 포기하지 않고 남은 병사들을 단련시키고 배와 무기를 수리하며 사기를 끌어올렸습니다. 그리고 마침내 명량 해전에서 단 12척의 배로 왜선 130여 척을 격파하는 기적 같은 승리를 이끌어 냈습니다. 그의 지략과 불굴의 용기는 조선을 다시 일으켜 세웠습니다.

그러나 1598년 11월, 전쟁의 끝이 다가오던 노량 해전에서 이순신은 적의 총탄을 맞고 장렬히 전사했습니다. 마지막 순간까지 그는 "싸움이 급하니 나의 죽음을 알리지 말라."라는 말을 남기며 끝까지 장수의 본분을 다했습니다.

이순신은 해전에서 단 한 번도 패하지 않은 전무후무한 기록을 세웠습니다. 그는 조선을 구한 최고의 장수이자, 나라를 위해 몸과 마음을 바친 진정한 애국자였습니다. 오늘날까지도 그는 성웅으로 추앙받으며, 백성의 생명을 지키고 나라를 구한 헌신과 리더십의 상징으로 남아 있습니다. 그의 삶은 역경 속에서도 흔들리지 않는 신념과 용기의 본보기가 되어, 시대를 넘어 모든 이들에게 깊은 감동과 울림을 주고 있습니다.

국어공신 선생님의 어휘 다지기!

❶ **리더십:** 단체를 이끌어 가는 지도자로서의 능력.　예시문 지도자는 강한 리더십이 필요하다.
❷ **무관:** 무과 출신의 관리.　예시문 그는 높은 학식을 지녔지만 평생 무관으로 지냈다.
❸ **청렴결백:** 마음이 맑고 깨끗하며 탐욕이 없음.　예시문 그는 정직과 청렴결백을 신조로 삼았다.
❹ **백의종군:** 벼슬 없이 군대를 따라 싸움터로 감.　예시문 이순신은 권율의 막하에서 백의종군을 하게 되었다.

비판적 사고 키워 볼까요?

1 다음 내용을 읽고 맞으면 O, 틀리면 X를 선택하세요.
① 강직하고 청렴한 성품 때문에 이순신은 관직 생활이 순탄하지 못했다. (O, X)
② 이순신은 여러 차례 백의종군을 하며 험난한 벼슬길을 걸었다. (O, X)
③ 군사와 배, 무기가 부족한 상황에서 이순신은 군사를 재정비하고 단 12척의 배로 왜선 130여 척을 물리치며 명량 해전의 기적을 이뤘다. (O, X)
④ 이순신은 해전에서 단 한 번도 패하지 않았다. (O, X)

2 백의종군의 의미와 이순신 장군이 백의종군을 하게 된 이유는 무엇인가요?

3 명량 해전에서 이순신 장군이 승리할 수 있었던 전략적 요인은 무엇이라고 생각하나요? 여러분의 생각을 적어보세요.

4 <보기>에서 알맞은 단어를 찾아 괄호 안에 넣어보세요.

보기   ㉠무관 ㉡백의종군 ㉢청렴결백 ㉣리더십 ㉤추앙

① 단체를 이끌어 가는 지도자로서의 능력. (   )
② 무과 출신의 관리. (   )
③ 마음이 맑고 깨끗하며 탐욕이 없음. (   )
④ 벼슬 없이 군대를 따라 싸움터로 감. (   )

5 이순신 장군이 조선 수군을 재건할 때 보여준 리더십의 특징은 무엇이며, 오늘날 우리에게 주는 교훈은 무엇인가요?

생각 넓히기

6 다음 논제 '이순신 장군은 영웅이 아니라 시대의 희생자라고 볼 수 있는가?'에 대해 찬성과 반대의 의견을 말하고 그 근거를 적어보세요.

아주 중요한 문제야!

논리력 키우기

찬성	반대

 국어공신 선생님의 이것만은 꼭!!

한 걸음 더 깊이

임진왜란 당시 이순신 장군이 직접 전시 상황을 기록한 『난중일기(亂中日記)』는 그의 치밀한 전략과 인간적인 면모를 엿볼 수 있는 귀중한 사료입니다. 이 일기는 1962년 국보로 지정되었으며, 2013년에는 유네스코 세계 기록 유산에 등재되었습니다. 이렇듯 『난중일기』는 오늘날 임진왜란을 연구하는 데 없어서는 안 될 중요한 자료로 평가받고 있습니다.

인물·역사

5주 / 4일

교과 연계: 6-1 국어_8. 인물의 삶을 찾아서

조선 구국의 영웅, 도마 안중근

[핵심어 체크] ☐안중근 의사 ☐독립운동 ☐동양평화론 ☐이토히로부미

조국의 미래를 위해 끝까지 깨어 있으라!

읽기 난이도 좋아요!

안중근(1879~1910)은 1909년 10월 26일, 만주 하얼빈 역에서 조선 침략의 **주범**❶이었던 이토 히로부미를 저격한 독립운동가입니다. 그는 일제의 침략에 맞서 조국의 독립을 위해 싸운 의병장이자 한국·중국·일본이 협력하여 동양의 평화를 이루어야 한다는 '동양평화론'을 주장한 사상가이기도 합니다.

1879년 황해도 해주에서 태어난 안중근의 **아명**❷이자 자는 응칠(應七), 세례명은 도마(Thomas, 多默)입니다. 어릴 때부터 **총명**❸하고 정의감이 강했으며, 사냥과 사격을 즐겨 명사수로 이름을 날렸습니다. 외세의 침략이 잦던 시대에 그는 나라를 지키겠다는 뜻을 품고 청년 시절부터 독립의 의지를 불태웠습니다.

1907년, 일본이 한일 신협약을 맺어 대한제국의 군대를 해산하고 주권을 강탈하자 안중근은 이를 좌시하지 않았습니다. 그는 의병대를 조직해 항일 무장 투쟁에 나섰으며, 의병대 참모중장으로 두만강 일대에서 일본군과 맞서 싸워 여러 차례 승리를 거두었습니다. 그러나 일제의 **탄압**❹이 거세지면서 의병 활동이 어려워졌고, 그는 새로운 방법으로 독립운동을 이어가기로 결심했습니다.

안중근은 뜻을 같이하는 동지들과 함께 비밀조직을 결성하고, 손가락을 잘라 피로 '대한독립'이라 쓰며 조국의 자유를 맹세하는 '단지 동맹'을 맺었습니다. 그들의 결의는 단순한 복수가 아니라 조국의 독립을 위한 숭고한 다짐이었습니다.

1909년, 일본 초대 통감이자 조선 침략의 원흉⑤인 이토 히로부미가 만주 하얼빈을 시찰하러 온다는 소식을 접한 안중근은 결단을 내립니다. 그는 신문을 통해 일정을 확인하고, 권총 한 자루를 손에 쥔 채 하얼빈 역으로 향했습니다. 러시아군의 사열이 끝난 직후, 그는 침착하게 방아쇠를 당겼고 이토 히로부미는 현장에서 사망했습니다. 안중근은 즉시 러시아 헌병대에 체포되었지만, 표정은 담담하고 당당했습니다.

　체포된 그는 일본 재판정에서도 조금도 굴하지 않았습니다. 그는 "나는 일본에 복수하려 한 것이 아니라, 동양 평화를 위해 이토를 처단했다."라고 주장했습니다. 또한 대한제국의 황제를 강제로 퇴위시킨 죄, 조선의 주권을 빼앗은 죄, 동양의 평화를 해친 죄 등 15가지 조항을 들어 이토를 단죄했습니다. 그는 자신이 죄인이 아니라 정의를 실천한 사람임을 당당히 밝히며, 끝까지 의연한 태도를 잃지 않았습니다.

　여섯 차례의 재판 끝에 안중근은 1910년 2월 14일 사형을 선고받았고, 3월 26일 뤼순 감옥에서 순국하였습니다. 그는 옥중에서도 굴하지 않고 자서전인 『안응칠 역사』를 집필했으며, 동양의 평화와 인류 공존을 강조한 『동양평화론』을 완성했습니다.

　안중근은 죽음을 앞두고 "나라가 독립하면 내 유해를 고국으로 옮겨달라."라는 말을 남겼습니다. 그의 의거와 사상은 일본 제국주의에 맞선 정의의 상징이 되었고, 우리나라뿐 아니라 중국, 베트남 등 아시아 여러 나라에 큰 울림을 주었습니다. 안중근은 단순한 독립운동가가 아니라, 평화와 정의를 위해 생을 바친 위대한 인물로 오늘날까지 존경받고 있습니다.

국어공신 선생님의 어휘 다지기!

❶ **주범**: 어떤 일에 대하여 좋지 아니한 결과를 만드는 주된 원인.　예시문 사건의 주범을 수배하다.
❷ **아명**: 아이 때의 이름.　예시문 고려 우왕(禑王)은 아명이 '아지'였다고 한다.
❸ **총명**: 썩 영리하고 재주가 있음.　예시문 이 소년의 총명과 예지는 뭇사람의 모범이 될 만합니다.
❹ **탄압**: 권력이나 무력 따위로 억지로 눌러 꼼짝 못 하게 함.　예시문 극심한 탄압 앞에 무릎을 꿇다.
❺ **원흉**: 못된 짓을 한 사람들의 우두머리.　예시문 이완용은 민족의 원흉이다.

비판적 사고 키워 볼까요?

1 윗글의 내용과 일치하지 않는 것은?

① 안중근은 조선 침략의 원흉인 이토 히로부미를 하얼빈 역에서 사살하였다.
② 안중근의 아명은 응칠, 세례명은 토마스(도마)이다.
③ 안중근은 재판 중에 자신의 죄를 인정하며 일본에 항복하였다.
④ 안중근은 동양 평화론을 주장하였다.
⑤ 안중근은 일제강점기에 활약한 독립 운동가이다.

2 '안중근이 이토 히로부미를 저격한 이유'는 무엇인가요?

3 안중근이 주장한 '동양평화론'이란 무엇인가요?

4 다음 단어를 넣어 문장을 만들어보세요.

* 총명:
* 탄압:
* 원흉:

5 '안중근의 이토 히로부미 저격과 관련하여 여러분의 생각'을 적어보세요.

[생각 넓히기]

6 '안중근의 동양평화론은 오늘날에도 실현 가능한 사상인가?'에 대해 찬성과 반대의 의견을 말하고 그 근거를 적어보세요.

[논리력 키우기]

아주 중요한 문제야!

찬성	반대

✹ 국어공신 선생님의 이것만은 꼭!!

한 걸음 더 깊이

한 인물에 대한 평가는 국가와 관점에 따라 크게 달라질 수 있습니다. 예를 들어, 이토 히로부미는 일본에서는 근대화를 이끈 인물로 존경받지만, 우리나라에서는 침략과 식민지화의 주범으로 기억됩니다. 반대로 안중근 의사는 우리에게는 독립운동의 영웅이지만 일본에서는 범죄자로 기록됩니다. 이처럼 역사적 인물은 시대와 사상, 국가의 시각에 따라 평가가 달라질 수 있음을 이해해야 합니다.

인물·역사

5주 / 5일

교과 연계: 5-2 사회_일제의 침략과 광복을 위한 노력
6-1 국어_8. 인물의 삶을 찾아서

나의 소원은 첫째도 둘째도 셋째도 대한 독립, 백범 김구

[핵심어 체크] □김구 □독립운동 □동학 □신탁통치 □백범일지

읽기 난이도 좋아요!

▲ 조국의 독립과 통일을 위해 평생을 바친 위대한 지도자, 김구

나는 나라를 잃은 백성으로서 살 수 없어요!

일제 강점기의 독립 운동가이자 정치가인 백범 김구(1876~1949)는 1876년 황해도 해주에서 가난한 평민의 아들로 태어났습니다. 일제 강점기란 1910년 일본에 나라를 빼앗겨 1945년 해방을 맞이하기까지 35년 동안을 말합니다. 이 시기 일본은 무력으로 우리의 국권을 강탈하고 조선 총독부를 설치한 뒤 행정·입법·사법·군사권을 모두 장악하며 우리 민족을 철저히 탄압❶했습니다. 그러나 이에 굴하지 않은 우리 민족은 전국 곳곳에서 일제에 맞서 독립운동을 전개하였습니다.

젊은 시절 김구는 모든 사람이 평등하다는 사상과 '사람이 곧 하늘'이라는 교리를 내세운 동학에 깊이 심취했습니다. 그는 동학을 공부하고 실천하였으며 동학 농민 혁명에도 참여했습니다. 하지만 혁명은 실패로 끝났고, 그는 일본 경찰에 쫓겨 만주로 건너가 의병 활동을 시작했습니다. 1895년 을미사변 당시에는 명성 황후를 시해❷한 일본군 장교를 처단하여 체포되었고 사형을 선고받았으나, 다행히 고종의 특명으로 목숨을 구했습니다. 이후 풀려난 김구는 비밀 독립 단체인 신민회에 가입해 항일 운동에 앞장섰습니다.

1911년에는 일제가 조작한 105인 사건에 연루되어 감옥살이를 하며 큰 고초를 겪었습니다. 하지만 그는 의지를 굽히지 않았고, 1919년 3·1 운동 직후 중국 상하이로 망명❸하여 뜻을 같이하는 동지❹들과 대한민국 임시 정부를 수립했습니다. 이후에도 독립운동을 이끌던 그는 1940년 한국광복군을 조직하여 일본군과 맞서 싸웠고, 중국 내 일본군을 물리치는 데 큰 공을 세웠습니다.

  1945년 8월 15일, 일본이 연합국에 무조건 항복을 선언하자 조국은 마침내 해방을 맞이했습니다. 그러나 김구는 기쁨도 잠시, 깊은 실망감을 느꼈습니다. 독립이 우리 힘이 아닌 외세의 힘에 의한 결과였기 때문입니다. 그의 우려대로 조국은 곧 미국, 영국, 소련, 중국 네 나라의 이해관계 속에서 신탁 통치가 결정되었습니다.

  광복 이후 김구는 자주적인 통일 정부 수립을 위해 노력했습니다. 그는 남한 단독 정부 수립을 강하게 반대하며 남북이 함께하는 통일 정부를 주장했습니다. 1948년에는 김규식과 함께 북한을 방문해 김일성과 협상❺을 진행했으나 끝내 성과를 거두지 못했습니다. 결국 남한 단독 선거가 실시되어 대한민국 정부가 수립되었고, 이승만이 초대 대통령으로 선출되었습니다.

  그러나 김구는 끝까지 분단을 막기 위해 통일 운동을 멈추지 않았습니다. 하지만 1949년 6월 26일, 육군 소위 안두희가 쏜 총탄에 맞아 비극적으로 피살되고 말았습니다. 그의 죽음은 민족 전체에 큰 충격을 안겨주었고, 많은 이들이 통곡했습니다.

  김구는 생전에 『백범일지』라는 저서를 남겼습니다. 이는 임시 정부 활동 시절 기록한 일기로, 그의 사상과 독립 정신이 고스란히 담겨 있는 귀중한 역사 자료입니다. 광복과 통일을 위해 한평생을 헌신한 민족 지도자 김구, 우리가 그를 잊지 않는 한 나라와 민족을 사랑한 그의 정신은 영원히 우리 곁에 살아 있을 것입니다.

집중

국어공신 선생님의 어휘 다지기!

❶ **탄압**: 권력이나 무력 따위로 억지로 눌러 꼼짝 못 하게 함. 예시문 극심한 탄압 앞에 무릎을 꿇다.
❷ **시해**: 부모나 임금을 죽임. 예시문 명성 황후의 시해는 일본 낭인에 의해 저질러졌다.
❸ **망명**: 정치적 박해를 피해 안전을 찾아 다른 나라로 피신하는 행위. 예시문 그는 소련으로 정치적 망명의 길을 떠났다.
❹ **동지**: 목적이나 뜻이 서로 같은 사람. 예시문 자네의 동지가 몇 사람이나 되는가?
❺ **협상**: 어떤 목적에 맞는 결정을 위해 여러 사람이 함께 의논함. 예시문 우리는 협상에 응했다.

비판적 사고 키워 볼까요?

1 다음 내용을 읽고 맞으면 O, 틀리면 X를 선택하세요.

① 일제 강점기에 일제는 우리의 국권을 강탈하고 조선 총독부를 설치한 뒤 행정, 입법, 사법 및 군대까지 장악하며 우리 민족을 탄압하였다. (O, X)

② 김구는 을미사변 때 명성 황후를 시해한 군인을 살해하여 사형 선고를 받기도 했으나 고종의 특명으로 사형을 면하였다. (O, X)

③ 김구는 임시 정부에서 활동하는 동안 쓴 일기인 『백범일지』를 남겼다. (O, X)

2 1945년 8월 15일, 일제에 빼앗긴 나라를 되찾았음에도 불구하고 '김구는 왜 온전히 기뻐하지 못했나요'?

3 '남북통일 정부를 세우기 위해 김구는 어떤 노력'을 했나요?

4 김구 선생이 신탁 통치를 반대한 이유는 무엇인가요?

5 『백범일지』는 김구의 어떤 삶과 사상을 담고 있으며, 이 책을 통해 우리가 배울 수 있는 교훈은 무엇이라고 생각하나요?

생각
넓히기

6 다음 논제 '김구가 살아 있었다면 한반도의 분단을 막을 수 있었을까?'에 대해 찬성과 반대의 의견을 말하고 그 근거를 적어보세요.

아주 중요한 문제야!

논리력
키우기

찬성	반대

✱ 국어공신 선생님의 **이것만은 꼭!!**

한 걸음
더 깊이

신탁 통치란 자치 능력이 부족한 나라를 대신해 다른 나라가 일정 기간 통치하는 제도입니다. 광복 후 한반도를 점령한 미국과 소련은 모스크바 3상 회의에서 한반도에 대해 5년간 신탁 통치를 결정했습니다. 이 때문에 김구는 일본의 항복을 온전히 기뻐할 수 없었습니다. 만약 한국광복군의 국내 진공 작전이 실행되어 성공했다면 우리는 외세가 아니라 우리 힘으로 독립국을 세워 자주적 해방의 기쁨을 누렸을 것이기 때문입니다.

인물·역사

5주 / 6일

교과 연계: 6-1 사회_1. 우리나라의 정치 발전

불의에 맞선 정의로운 항거, 4·19 혁명

[핵심어 체크] ☐ 4·19혁명 ☐ 3·15부정선거 ☐ 이승만 독재정치 ☐ 민주주의

읽기 난이도 좋아요!

1954년 당시 헌법에 따르면 대통령은 두 번까지만 재임할 수 있었기 때문에 이미 두 번 당선된 이승만은 더 이상 대통령이 될 수 없었습니다. 그러나 그는 초대 대통령에 한해 횟수 제한을 두지 않고 출마할 수 있도록 헌법을 개정하려 하였습니다. 개헌을 위해서는 국회의원 3분의 2, 즉 203명 중 136명의 찬성이 필요했으나 표결 결과는 단 한 표가 부족해 부결되었습니다. 그러자 자유당은 사사오입❶ 논리를 내세워 0.3333을 버릴 수 있다며 억지를 부렸고, 135표로도 충분하다 주장해 개헌안을 통과시켰습니다. 이로써 1956년 이승만은 다시 대통령에 당선되었습니다.

대한민국 초대 대통령 이승만은 장기 집권을 위해 헌법을 왜곡하며 무려 12년간 권좌를 유지했습니다. 1960년 제4대 대통령 선거에서도 그의 당선은 확실했습니다. 상대 후보가 갑작스럽게 세상을 떠났기 때문입니다. 3월 15일 전국적으로 실시된 정부통령 선거는 부정과 조작으로 얼룩졌습니다. 투표함을 바꿔치기하고, 이승만과 이기붕 이름이 적힌 투표지를 미리 넣었으며, 국민들에게 감시와 압력을 가해 강제로 투표하게 만들었습니다. 국민들은 더 이상 독재❷ 정치를 참지 못하고 거리로 나서 항의 시위❸를 벌이기 시작했습니다.

그런데 4월 11일, 3·15 부정 선거에 항의하던 대학생 김주열 군의 시신이 마산 앞바다에 떠올랐습니다. 그는 최루탄에 맞아 숨진 채 실종되었던 학생으로, 그의 죽음은 국민적 분노를 더욱 증폭시켰습니다. 결국 4월 19일, 서울을 비롯해 광주와 부산 등 전국 주요 도시에서 학생과 시민들이 거리로 쏟아져 나와 "부정 선거 다시 하라! 이승만 정권 물러가라!"를 외치며 대규모 시위를 벌였습니다. 이것이 바로 대한민국 민주주의 역사에 길이 남은 4·19 혁명입니다. 그러나 이승만 정권은 시민들을 향해 최루탄과 총을 난사하며 무자비하게 탄압했습니다. 그 결과 수많은 사상자가 발생했고, 대학생은 물론 중·고등학생과 어린 아이들까지 희생되었습니다.

▲ 4월 19일에 경무대로 향하는 시위대

4월 25일에는 '학생들의 피에 보답하자'는 구호를 내걸고 전국 27개 대학 교수들이 국회까지 행진하며 이승만 정권의 퇴진을 요구했습니다. 국민의 거대한 저항 앞에 더는 버틸 수 없었던 이승만은 4월 26일 "국민이 원한다면 대통령직을 사임하겠다."라는 하야❹ 성명을 발표했습니다. 그는 결국 대통령 자리에서 물러났고, 이후 하와이로 망명하게 되었습니다.

민생을 돌보지 않고 권력 유지를 위해 독재와 부정부패를 일삼은 이승만 정부의 만행을 국민들은 끝내 참을 수 없었습니다. 한 달여간 이어진 전국적 시위와 저항 끝에 그는 권좌에서 쫓겨났고, 민주주의는 다시 한 걸음 전진할 수 있었습니다. 이처럼 4·19 혁명은 시민의 힘으로 부정한 권력을 무너뜨리고 새로운 길을 연 역사적인 시민 혁명으로 평가됩니다. 민주주의는 하루아침에 완성되지 않으며, 국민의 지속적인 관심과 노력이 뒷받침되어야 지켜낼 수 있습니다. 우리 국민이 피와 땀으로 이룩한 민주주의는 앞으로도 반드시 소중히 계승하고 발전시켜야 할 소중한 유산입니다.

국어공신 선생님의 어휘 다지기!

❶ **사사오입**: 1954년 11월 29일, 집권당 자유당이 정족수 미달의 헌법개정안을 불법으로 통과시킨 2차 헌법. 예시문 사사오입 개헌은 불안을 자양분 삼아 정당성의 탈을 썼다. ❷ **독재**: 특정한 개인, 단체, 계급, 당파 따위가 어떤 분야에서 모든 권력을 차지하여 모든 일을 독단으로 처리함. 예시문 국민들은 독재에 항거하여 궐기하였다. ❸ **시위**: 많은 사람이 공공연하게 의사를 표시하여 집회나 행진을 하며 위력을 나타내는 일. 예시문 그는 시위에 가담하다 경찰에 체포되었다. ❹ **하야**: 관직이나 정계에서 물러남. 예시문 대통령은 하야 직후 망명길에 올랐다.

비판적 사고 키워 볼까요?

1 다음 내용을 읽고 맞으면 O, 틀리면 X를 선택하세요.

① 이승만은 초대 대통령에 한하여 횟수에 제한 없이 대통령에 출마할 수 있도록 헌법을 고치려 했다. (O, X)
② 1960년 3월 15일, 대통령과 부통령을 뽑는 정부통령 선거는 공정하게 치러졌고, 다시 이승만이 대통령에 당선되었다. (O, X)
③ 4·19 혁명은 시민의 힘으로 권력을 교체한 시민 혁명이라고 불리게 되었다. (O, X)
④ 4·19 혁명으로 마침내 이승만은 대통령직에서 물러나 하와이로 망명하였다. (O, X)

2 '이승만 대통령이 개헌을 한 이유'는 무엇인가요?

3 '4·19 혁명이 일어나게 된 원인'은 무엇인가요?

4 다음 단어를 넣어 문장을 만들어보세요.

* 독재:
* 하야:
* 시위:

5 '4·19 혁명의 결과'는 무엇인가요?

6 다음 논제 '4·19 혁명은 이후 한국 민주주의 발전의 초석이 되었는가?'
에 대해 찬성과 반대의 의견을 말하고 그 근거를 적어보세요.

아주 중요한 문제야!

찬성	반대

국어공신 선생님의 이것만은 꼭!!

한 걸음 더 깊이

4·19 혁명은 '학생 의거'라 불릴 만큼 수많은 중·고등학생과 대학생들이 참여한 민주화 운동입니다. 어린아이들까지 거리로 나와 시위를 벌였고, 초등학교 3학년 임동성 학생은 "부모 형제들에게 총부리를 겨누지 말라."라고 외치다 경찰의 총탄에 맞아 숨졌습니다. 다시는 반복되어서는 안 될 비극의 역사, 4·19 혁명은 시민들의 희생으로 지켜낸 소중한 민주주의입니다.

인물·역사

5주 / 7일

교과 연계: 6-1 사회_1. 우리나라의 정치 발전

국민의 힘으로 되찾은 주권, 5·18 광주 민주화 운동

[핵심어 체크] ☐ 5·18광주민주화운동 ☐ 독재 ☐ 항거 ☐ 민주주의 주권

읽기 난이도 좋아요!

　5·18 광주 민주화 운동은 1980년 5월 18일, 전라남도 광주 시민들이 신군부 세력의 군사 독재 통치에 맞서 자유와 민주주의를 요구하며 일어난 역사적인 민주화 운동입니다. 1979년 10·26 사태로 장기 독재를 이어오던 박정희 대통령이 사망하자 국민들은 비로소 민주주의의 희망이 찾아올 것이라 기대했습니다. 그러나 전두환을 비롯한 일부 군 장교들이 군사 정변❶을 일으켜 권력을 장악하면서 다시 암울한 독재의 그림자가 드리워졌습니다. 이에 분노한 국민들은 1980년 봄부터 전국 곳곳에서 유신❷ 체제의 완전한 철폐와 신군부 퇴진, 그리고 민주화를 요구하는 시위를 벌였습니다.

　하지만 신군부는 국민의 목소리를 폭력으로 억눌렀습니다. 1980년 5월 17일, 신군부는 전국에 계엄령❸을 확대하고 정치 활동을 전면 금지했으며, 민주화를 외치는 인사들을 체포했습니다. 군인들은 대학에 진입해 학생들의 움직임을 감시하고 탄압했습니다. 그다음 날인 5월 18일, 광주에서 전남대학교 학생들과 시민들이 계엄령 철폐를 요구하며 평화적인 시위를 벌이자, 계엄군은 이들에게 곤봉과 총칼로 폭력을 행사했습니다. 시민들은 이에 분노했고 시위는 더욱 거세졌습니다. 계엄군은 시위대를 향해 무차별적으로 총격을 가했고, 수많

▲ 광주의 학생들 및 시민들이 계엄군의 만행에 항거하며 민주화를 요구하는 시위

5·18의 외침이 민주주의를 세웠다!

은 무고한 시민들이 희생되었습니다.

　광주 시민들은 이에 굴하지 않고 스스로를 지키기 위해 시민군을 조직했습니다. 시민군은 무기를 확보하고 자발적으로 도시를 방어하며 계엄군과 맞서 싸웠습니다. 시민들은 서로를 도우며 식량을 나누고 부상자를 돌보는 등 높은 공동체 정신을 보여주었습니다. 그러나 신군부는 대화와 타협 대신 무력으로 사태를 진압❹하기로 결정했습니다. 결국 5월 27일 새벽, 계엄군은 대규모 병력을 투입해 광주를 다시 점령했고, 시민군을 무자비하게 진압했습니다. 이로 인해 수많은 사람들이 목숨을 잃었고, 5·18 민주화 운동은 피로 물든 채 막을 내렸습니다.

　신군부는 이 사건을 '폭동'이라 왜곡하며 진실을 감추려 했지만, 국민들은 진실을 밝히기 위해 끈질기게 싸웠습니다. 결국 5·18 광주 민주화 운동은 한국 민주주의 발전의 상징적인 사건으로 인정받게 되었습니다. 1995년 '5·18 특별법'이 제정되었고, 1997년에는 5월 18일이 국가 기념일로 지정되었습니다. 희생자들은 국가유공자로 예우받았으며, 관련자들에 대한 법적 처벌도 이루어졌습니다. 또한 2011년에는 5·18 관련 기록물이 유네스코 세계 기록 유산으로 등재되어 전 세계가 이 사건의 역사적 의미를 함께 기리게 되었습니다.

　5·18 광주 민주화 운동은 많은 이들의 희생과 헌신을 통해 대한민국 민주주의의 뿌리를 더욱 굳건히 한 사건입니다. 이들의 용기 덕분에 오늘날 우리는 자유롭게 의견을 나누고, 국민이 나라의 진정한 주인이 되는 사회를 만들어가고 있습니다. 5·18 정신은 단순한 과거의 이야기가 아니라, 지금도 이어져야 할 대한민국 민주주의의 등불입니다.

집중

국어꽁신 선생님의 어휘 다지기!

❶ **정변**: 혁명이나 쿠데타 따위의 비합법적인 수단으로 생긴 정치상의 큰 변동.　예시문 정변이 일어날 가능성이 짙다.　❷ **유신**: 1972년 10월 17일 대통령 박정희가 장기 집권을 목적으로 단행한 초헌법적 비상조치.　예시문 우리는 유신 정권의 억압에 맞서 침묵하지 않았다.　❸ **계엄령**: 대통령이 국가 비상사태 시 군이 행정·사법권을 대신하도록 선포하는 명령.　예시문 계엄령이 선포되던 그날 우리는 침묵을 강요당한 국민의 아픔을 기억한다.　❹ **진압**: 강압적인 힘으로 억눌러 진정시킴.　예시문 반란군의 진압을 위해 우리 부대가 먼저 출동한다.

비판적 사고 키워 볼까요?

1 다음 내용을 읽고 맞으면 O, 틀리면 X를 선택하세요.

① 5·18 광주 민주화 운동은 1980년 5월 18일 전라남도 광주 시민들이 신군부 세력의 군사 독재를 반대하고 그들이 내린 계엄령의 철폐를 요구하며 벌인 민주화 운동이다. (O, X)
② 5·18 관련 기록물이 유네스코 세계 기록 유산으로 등재되었다. (O, X)
③ 역사 교과서에서 '5·18 민주화 운동'이라는 공식 명칭을 사용하게 되었다. (O, X)

2 '5·18 광주 민주화 운동'이란 무엇인가요?

3 '광주 시민들이 무장한 채 자발적으로 시민군을 조직해 계엄군에 맞섰던 이유'는 무엇인가요?

4 <보기>에서 알맞은 단어를 찾아 괄호 안에 넣어보세요.

보기   ㉠정변   ㉡계엄령   ㉢유신   ㉣진압   ㉤무장

① 혁명이나 쿠데타 따위의 비합법적인 수단으로 생긴 정치상의 큰 변동. (   )
② 대통령 박정희가 장기 집권을 목적으로 단행한 초헌법적 비상조치. (   )
③ 대통령이 국가 비상사태 시 군이 행정·사법권을 대신하도록 선포하는 명령. (   )
④ 강압적인 힘으로 억눌러 진정시킴. (   )

5 '5·18 광주 민주화 운동의 결과'는 무엇인가요?

[생각 넓히기]

6 다음 논제 '5·18 광주 민주화 운동을 의무 교육 과정에서 반드시 다뤄야 하는가?'에 대해 찬성과 반대의 의견을 말하고 그 근거를 적어보세요.

[논리력 키우기]

아주 중요한 문제야!

찬성	반대

✳ 국어공신 선생님의 **이것만은 꼭!!**

한 걸음 더 깊이

1980년 5월 18일부터 27일까지 광주에서 열흘간 이어진 민주화 운동은 우리 역사에서 가장 비극적인 사건 중 하나입니다. 당시 시민들은 군부의 강경 진압에 맞서 자유와 정의를 외쳤고, 그 과정에서 엄청난 희생을 치렀습니다. 1988년 제6공화국의 공식 발표에 따르면 사망자는 191명, 부상자는 852명에 달했습니다. 5·18은 6·25 전쟁 이후 최대 희생을 낳은 민주화 운동이었습니다.

6주 / 1일

교과 연계: 6-1 사회_1. 우리나라의 정치 발전

다시 한 번 지켜낸 민주주의, 6월 민주 항쟁

[핵심어 체크] ☐6월민주항쟁 ☐호헌철폐 ☐민주주의 직선제

읽기 난이도 좋아요!

▲ 6월 항쟁을 상징하는 보도사진 "아! 나의 조국."

우리는 두려움보다 자유를 선택했다!

  6월 민주항쟁은 1987년 6월 10일, 우리나라에서 전국적으로 벌어진 대규모 민주화 운동으로, 국민이 스스로의 힘으로 군사 독재에 맞서 민주주의를 쟁취한 역사적인 사건입니다. 당시 전두환 대통령은 신문과 방송 등 언론을 철저히 통제하며 국민의 알 권리를 제한했습니다. 민주주의를 외치는 시민과 학생들은 감시와 체포, 고문 등 심각한 탄압을 받았습니다. 이에 국민들은 1980년에 일어난 5·18 광주 민주화 운동의 진상❶을 규명❷하고, 국민이 직접 대통령을 선출할 수 있는 대통령 직선제를 요구하며 전국적으로 시위를 벌였습니다.

  전두환 정부는 이러한 국민의 요구를 무시했지만, 민주화를 향한 여론은 점점 거세졌습니다. 결국 헌법 개정❸에 대한 논의가 시작되었으나, 1987년 4월 13일 전두환은 돌연 '호헌 선언'을 발표했습니다. '호헌'이란 기존의 헌법을 그대로 유지하겠다는 뜻으로, 국민이 아닌 정치인들에 의해 대통령을 뽑는 간접 선거를 계속하겠다는 것이었습니다. 전두환 정부는 선거를 앞두고 시간이 부족하다는 이유로 헌법 개정을 거부했습니다. 그러나 이는 국민의 뜻을 무시하고 독재 체제를 유지하겠다는 선언이었기에 시민들의 분노는 폭발했습니다. 국민들은 거리로 나와 "호헌 철폐❹", "독재 타도❺"를 외치며 민주화를 요구하는 시위를 시작했습니다.

그 무렵 국민의 분노를 더욱 키운 사건이 연이어 발생했습니다. 1987년 1월, 서울대학교 학생 박종철이 경찰의 고문을 받다 사망한 사건이 발생했고, 정부가 이를 은폐하려 하자 사회적 파장이 커졌습니다. 이어 시위 도중 경찰이 쏜 최루탄에 맞아 연세대학교 학생 이한열이 숨지는 사건이 벌어지자 국민의 민주화 열망은 전국으로 번졌습니다.

1987년 6월 10일, 전국에서 동시에 대규모 시위가 시작되었습니다. 학생, 노동자, 종교인, 시민 등 모든 계층의 국민이 하나 되어 "호헌 철폐, 독재 타도"를 외치며 거리로 나섰습니다. 시위는 20일간 계속되었고, 경찰의 강경 진압에도 불구하고 시민들은 물러서지 않았습니다. 결국 거대한 국민의 힘 앞에서 전두환 정부는 굴복할 수밖에 없었습니다.

6월 29일, 당시 여당의 대통령 후보였던 노태우가 국민의 요구를 받아들이겠다고 발표했습니다. 이를 '6·29 민주화 선언'이라 하며, 대통령 직선제 도입과 인권 보장, 언론 자유 확대 등을 약속했습니다. 그 결과 헌법이 개정되어 국민은 16년 만에 대통령을 직접 뽑을 수 있게 되었고, 5년 단임의 대통령 직선제가 도입되었습니다.

6월 민주항쟁은 4·19 혁명과 5·18 광주 민주화 운동에 이어 국민의 힘으로 권리를 되찾고 민주주의의 기틀을 마련한 위대한 운동이었습니다. 국민들은 불의에 맞서 싸워 자유와 정의, 인권이 존중되는 사회를 만들어냈습니다. 6월 민주항쟁은 대한민국이 민주주의 국가로 발전하는 데 결정적인 전환점이 되었으며, 국민이 주인인 나라를 세운 자랑스러운 역사로 남아 있습니다.

국어공신 선생님의 어휘 다지기!

❶ **진상:** 사물이나 현상의 거짓 없는 모습이나 내용. 예시문 진상을 밝히다. ❷ **규명:** 어떤 사실을 자세히 따져서 바로 밝힘. 예시문 주민들은 사건의 진상 규명을 촉구하였다. ❸ **개정:** 주로 문서의 내용 따위를 고쳐 바르게 함. 예시문 그 의원은 악법의 개정을 위해 부단히 노력하였다.
❹ **철폐:** 전에 있던 제도나 규칙 따위를 걷어치워서 없앰. 예시문 악법의 철폐로 그는 국민들로부터 많은 지지를 받았다. ❺ **타도:** 어떤 대상이나 세력을 쳐서 거꾸러뜨림. 예시문 독재자 타도 운동이 벌어지고 있다.

비판적 사고 키워 볼까요?

1 다음 내용을 읽고 맞으면 O, 틀리면 X를 선택하세요.

① 6월 민주항쟁은 1987년 6월에 일어난 민주화 운동으로 국민들이 대통령 직선제를 주장하면서 전국적으로 시위가 벌어졌다. (O, X)
② 국민들이 대통령을 직접 뽑을 수 있는 직접 선거를 요구하자 1987년 4월 13일, 전두환 정부는 헌법을 고쳐 대통령 직선제가 실시되었다. (O, X)
③ 6·29 민주화 선언 결과, 국민이 직접 대통령을 뽑을 수 있는 직선제가 마련되었다. (O, X)

2 '6월 민주 항쟁이 일어난 이유'는 무엇인가요?

3 '호헌 선언'이란 무엇인가요?

4 다음 단어를 넣어 문장을 만들어보세요.

* 규명:
* 개정:
* 타도:

5 '6·29 민주화 선언'이란 무엇인가요?

6 다음 논제 '6월 민주항쟁은 대한민국의 민주주의를 완성시킨 운동인가?'에 대해 찬성과 반대의 의견을 말하고 그 근거를 적어보세요.

찬성	반대

※ 국어공신 선생님의 이것만은 꼭!!

1987년 6월 10일부터 시작된 시위는 20일간 이어졌으며, 처음엔 학생 중심이었지만 점차 일반 시민까지 참여해 범국민적 민주화 운동으로 확대되었습니다. 6월 민주 항쟁은 4·19 혁명 이후 최대 규모의 민주화 운동으로, 이후 노동자·농민·도시 빈민층 등 다양한 계층이 권리를 요구하며 활발한 시민운동이 전개되었습니다. 이는 시민의식을 높이는 계기가 되었습니다.

6주 / 2일

교과 연계: 6-1 국어_8. 인물의 삶을 찾아서
6-2 국어_1. 작품 속 인물과 나

어둠에 지지 않는 꽃, 안네 프랑크

[핵심어 체크] ☐안네의일기 ☐유대인 ☐나치스 ☐독재 ☐홀로코스트

읽기 난이도 좋아요!

안네 프랑크(Annelies Marie Frank, 1929~1945)는 나치❶ 치하의 독일에서 태어난 유대인❷ 소녀입니다. 안네는 나치스가 유대인을 박해❸하자, 그들을 피해 2년 동안 숨어 지내며 겪은 일을 일기로 남겼고, 이것이 훗날 『안네의 일기』(1947)로 출판되었습니다. 안네는 1929년 6월 12일 독일 프랑크푸르트암마인에서 태어나 유대인 가정의 둘째 딸로 자랐습니다. 나치스의 유대인 탄압이 본격화되자 1933년 가족과 함께 네덜란드 암스테르담으로 이주하였습니다.

▲ 안네 프랑크는 제2차 세계 대전 당시 나치 독일이 자행한 홀로코스트의 피해자이자, 전쟁 당시 유대인의 일상을 담아낸 안네의 일기의 저자이다.

그러나 1939년 독일이 폴란드를 침공하며 제2차 세계대전이 시작되고, 1941년 네덜란드가 점령되면서 유대인에 대한 박해는 한층 심해졌습니다. 이에 안네 가족은 1942년 나치스의 박해를 피해 아버지 오토 프랑크의 공장 뒤편에 마련된 은신처로 몸을 숨겼습니다.

『안네의 일기』는 제2차 세계대전 중 나치 독일의 잔혹한 대학살이 횡행❹하던 시기에 쓰였습니다. 안네는 가족과 함께 강제 수용소로 끌려가기 전까지 부모님과 언니, 그리고 다른 네 명의 유대인과 함께 은신처에서 생활하며 1942년 6월부터 1944년 8월까지 일기를 썼습니다. 일기는 가상의 친구 '키티(Kitty)'에게 말을 건네는 형식으로 되어 있으며, 전쟁의 공포 속에서도 희망을 잃지 않으려는 한 소녀의 내면을 생생히 담고 있습니다. 『안네의 일기』는 전쟁의 참혹함을 후대에 전하는 역사적 기록이자, 사춘기 소녀의 감정 변화와 성장 과정을 그린 문학적 가치가 높은 작품입니다. 작가의 꿈을 키워 나가던 안네는 일기를 통해 어른들의 세계를 비판하고, 절망 속에서도 용기와 희망을 잃지 않으려는 강한 의지를 보여주었습니다.

▲ 안네의 일기 초판본

그러나 1944년 8월, 누군가의 밀고⁵로 은신처가 발각되어 가족은 체포되었고, 안네는 독일의 유대인 강제 수용소로 보내졌습니다. 그곳에서 언니 마르곳과 함께 장티푸스에 걸려 16세의 나이로 짧은 생을 마감했습니다. 전쟁이 끝난 후, 가족 중 유일한 생존자였던 아버지 오토 프랑크는 안네의 일기를 발견해 1947년 네덜란드어로 출판하였습니다. 『안네의 일기』는 이후 전 세계 여러 언어로 번역되어 수많은 독자에게 감동을 주었으며, 연극과 영화로도 제작되어 오늘날까지 널리 사랑받고 있습니다. 또한 2009년, 그 역사적·인류학적 가치를 인정받아 유네스코 세계 기록 유산으로 등재되었습니다.

1945년 1월 27일 폴란드 아우슈비츠 수용소가 해방되기 전까지 약 600만 명의 유대인이 나치스에 의해 학살⁶되었습니다. 이 유대인 대학살은 인간의 폭력성과 잔인함이 어디까지 이를 수 있는지를 보여주는 인류 최대의 비극이자 영원히 잊지 말아야 할 역사입니다. 오늘날에도 내전과 종족 분쟁으로 인한 대량 학살은 세계 곳곳에서 계속되고 있으며, 『안네의 일기』는 인류가 다시는 이런 비극을 되풀이하지 말아야 함을 일깨워주는 소중한 교훈으로 남아 있습니다.

국어공신 선생님의 어휘 다지기!

❶ **나치**: 히틀러를 당수로 한 독일의 파시스트당. 〔예시문〕 프랑스는 나치에 점령된 적이 있다.
❷ **유대인**: 셈 어족으로 히브리어를 사용하고 유대교를 믿는 민족. 〔예시문〕 유대인들은 자녀의 가정 교육에 대한 부모의 의무를 강조한다. ❸ **박해**: 못살게 굴어서 해롭게 함. 〔예시문〕 박해를 피해 이웃 나라로 망명했다. ❹ **횡행**: 아무 거리낌 없이 제멋대로 행동함. 〔예시문〕 최근 아파트의 불법 개조가 횡행하고 있다. ❺ **밀고**: 남몰래 넌지시 일러바침. 〔예시문〕 그의 부정에 대한 투서와 밀고가 끊이지 않는다. ❻ **학살**: 가혹하게 마구 죽임. 〔예시문〕 전쟁 중에 많은 양민들이 학살을 당했다.

비판적 사고 키워 볼까요?

1 다음 내용을 읽고 맞으면 O, 틀리면 ×를 선택하세요.

① 안네 프랑크는 나치 치하의 독일에서 태어난 유대인 소녀이다. (O, ×)
② 『안네의 일기』는 제2차 세계 대전 기간 나치 독일의 잔인한 대학살이 횡행하던 시절, 안네의 가족이 강제 수용소로 끌려가기 전의 은신처 생활과 수용소의 생활을 담고 있다. (O, ×)
③ 아버지 오토 프랑크는 안네의 가족 중 유일한 생존자였다. (O, ×)

2 '안네가 살았던 시대적 배경'에 대해 설명해보세요.

3 '『안네의 일기』는 어떤 내용'을 담고 있나요?

4 안네가 일기를 쓴 이유는 무엇이며, 그녀에게 일기는 어떤 의미였나요?

5 『안네의 일기』가 오늘날에도 많은 사람들에게 감동을 주는 이유는 무엇이라고 생각하나요? 여러분의 생각을 자유롭게 적어보세요.

 **6** 다음 논제 '안네의 일기는 개인의 기록을 넘어 인류 보편의 교훈이 될 수 있는가?'에 대해 찬성과 반대의 의견을 말하고 그 근거를 적어보세요.

찬성	반대

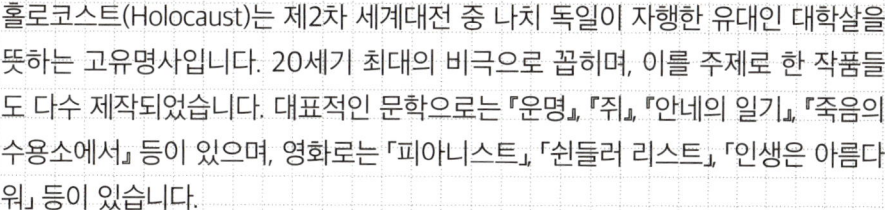

홀로코스트(Holocaust)는 제2차 세계대전 중 나치 독일이 자행한 유대인 대학살을 뜻하는 고유명사입니다. 20세기 최대의 비극으로 꼽히며, 이를 주제로 한 작품들도 다수 제작되었습니다. 대표적인 문학으로는 「운명」, 「쥐」, 「안네의 일기」, 「죽음의 수용소에서」 등이 있으며, 영화로는 「피아니스트」, 「쉰들러 리스트」, 「인생은 아름다워」 등이 있습니다.

인물·역사

6주 / 3일

교과 연계: 6-1 국어_8. 인물의 삶을 찾아서
6-2 국어_1. 작품 속 인물과 나

절망 속에서 희망의 싹을 틔우다, 헬렌 켈러

읽기 난이도 좋아요!

[핵심어 체크] □헬렌켈러 □시청각장애 □극복 □사회적약자

나는 한계를 넘어 존재의 의미를 찾았다.

▲ 시청각·언어장애를 극복하고 인권·노동운동에 헌신한 미국의 사회운동가 헬렌 켈러.

미국의 작가이자 교육자, 사회주의 운동가 헬렌 켈러(Helen Keller, 1880~1968)는 앨라배마 주 터스컴비아에서 태어났습니다. 태어난 지 19개월 무렵, 뇌척수막염이라는 큰 병에 걸려 목숨을 잃을 뻔했으나 가까스로 살아났습니다. 하지만 이 병으로 인해 시각과 청각을 모두 잃었고, 말조차 제대로 할 수 없는 상태가 되었습니다. 어린 헬렌 켈러는 세상의 소리와 빛을 모두 잃은 채 절망 속에 놓였지만, 이때 그녀의 삶을 바꾸어 줄 구원자❶가 나타났습니다. 바로 헬렌 켈러를 오늘날의 인물로 성장시킨 스승, 앤 설리번 선생님입니다. 앤 설리번 선생님은 인내력❷과 자제력 없이 제멋대로 행동하던 일곱 살 헬렌 켈러에게 손바닥에 글자를 새기는 방식으로 언어를 가르쳤습니다. 헬렌이 처음으로 'water'라는 단어의 의미를 깨닫는 순간은 전 세계적으로 유명한 교육적 일화로 남아 있습니다.

헬렌 켈러는 여덟 살에 학교에 입학하여 정식 교육을 받기 시작했습니다. 목의 진동과 입 모양을 손으로 느끼며 언어를 습득하는 학습 과정을 거치면서 점차 의사소통 능력을 회복했습니다. 학교 선생님들과 앤 설리번 선생님의 헌신적 지도 덕분에 헬렌 켈러는 결국 고등 교육까지 받을 수 있었습니다. 1903

년, 그녀는 장애를 극복한 자신의 이야기를 담은 자서전❸『나의 삶 이야기(The Story of My Life)』를 출간했습니다. 이어 1904년에는 래드클리프 대학에서 문학 학사 학위를 받았습니다. 당시 여성과 장애인이 고등교육을 받는 것은 극히 드문 일이었기에 헬렌 켈러의 학업 성취는 한계를 뛰어넘은 용기 있는 도전으로 세계적인 주목을 받았습니다.

이후 헬렌 켈러는 개인적 성취에 그치지 않고 세계 각지를 돌며 장애인 교육 시설과 교육 방법 개선의 필요성을 알리는 강의를 이어갔습니다. 1924년에는 미국 시각 장애인 협회에서 활동하며 장애인 복지❹와 인권❺ 향상에 큰 기여를 했으며, 여성의 정치 참여를 촉진하기 위한 여성 참정권 운동에도 참여했습니다. 또한 노동자와 아동의 권리를 보호하고 인종 차별을 금지하는 운동에도 힘쓰며 사회적 약자를 위해 헌신했습니다. 그녀의 업적은 단순한 개인적 극복을 넘어 사회적 영향력으로 이어져 장애인과 여성, 사회적 약자에게 귀감이 되었습니다.

절망 속에서도 희망의 빛을 찾아 마침내 꽃을 피운 헬렌 켈러. 그녀의 용기 있는 도전과 빛나는 성취는 오늘날까지 많은 사람들에게 깊은 울림을 주고 있으며, 인간이 극복할 수 있는 한계와 사회적 책임의 중요성을 동시에 보여주고 있습니다. 헬렌 켈러의 삶은 개인의 극복이 사회적 변화로 이어질 수 있음을 증명하며, 오늘날까지도 우리에게 끊임없는 영감과 도전의 메시지를 전하고 있습니다. 그녀의 이야기는 한 인간의 의지가 세상을 바꿀 수 있다는 강력한 증거이자, 미래 세대에게 희망과 용기를 전하는 소중한 유산으로 남아 있습니다.

국어공신 선생님의 어휘 다지기!

❶ **구원자:** 어려움이나 위험에 빠진 사람을 구하여 주는 사람.　예시문　목사님은 그리스도 외에 구원자는 없다고 설교하셨다.
❷ **인내력:** 괴로움이나 어려움을 참고 견디는 힘.　예시문　그는 놀라운 인내력을 발휘했다.
❸ **자서전:** 자신의 생애와 활동을 직접 적은 기록.　예시문　그는 자서전을 내기 위해 온 힘을 쏟았다.
❹ **복지:** 행복한 삶.　예시문　연금 제도는 노후 복지를 위한 것이다.
❺ **인권:** 인간으로서 당연히 가지는 기본적 권리.　예시문　인권 유린에 대한 항거 운동이 일어났다.

비판적 사고 키워 볼까요?

1 다음 내용을 읽고 맞으면 O, 틀리면 X를 선택하세요.

① 헬렌 켈러는 태어난 지 얼마 되지 않아 큰 병에 걸려 목숨을 잃을 뻔하다 겨우 살아났으나 그 후유증으로 시각과 청각을 잃게 되었다. (O, X)

② 헬렌 켈러는 비록 장애를 가지고 태어났으나 인내력과 자제력이 뛰어나 어릴 때부터 선생님의 지도를 잘 따르는 모범생이었다. (O, X)

③ 헬렌 켈러는 장애인, 아동 인권, 여성 참정권, 노동 운동 등에 참여하며 사회적 약자를 위해 힘썼다. (O, X)

2 시청각 장애를 지닌 '헬렌 켈러는 어떤 방식으로 공부'를 했나요?

3 '헬렌 켈러의 업적'은 무엇인가요?

4 <보기>에서 알맞은 단어를 찾아 괄호 안에 넣어보세요.

기본적인 문해력이야!

| 보기 | ㉠인내력 ㉡복지 ㉢인권 ㉣자서전 ㉤구원자 |

① 어려움이나 위험에 빠진 사람을 구하여 주는 사람. (   )
② 괴로움이나 어려움을 참고 견디는 힘. (   )
③ 자신의 생애와 활동을 직접 적은 기록. (   )
④ 인간으로서 당연히 가지는 기본적 권리. (   )

 **5** 헬렌 켈러는 오늘날까지 많은 사랑을 받으며 명언으로 불리는 말들을 남겼습니다. '헬렌 켈러의 명언 두 문장'을 찾아 적어보세요.

생각
넓히기

6 다음 논제 '헬렌 켈러의 사회운동 참여는 정치적 행보가 아닌, 인권 신장에 기여한 긍정적 활동이었다.'에 대해 찬성과 반대의 의견을 말하고 그 근거를 적어보세요.

아주 중요한 문제야!

논리력
키우기

찬성	반대

 ## 국어공신 선생님의 이것만은 꼭!!

한 걸음 더 깊이

헬렌 켈러와 앤 설리번 선생님의 일화를 담은 영화 「미라클 워커(Miracle Worker)」(1962)에서는 두 사람이 아무런 대사 없이 10여 분간 몸싸움이 이어지는 명장면이 등장합니다. 또한 설리번 선생님이 헬렌 켈러에게 물 펌프를 통해 처음으로 'Water'라는 단어를 깨닫게 해주는 감동적인 장면도 등장합니다. 헬렌 켈러와 관련된 책과 더불어 이 영화를 감상한다면, 또 다른 재미와 감동을 느낄 수 있을 것입니다.

4장

과학·기술

6주 / 4일

교과 연계: 6-2 과학_5. 에너지와 생활

원자력 발전소, 필요할까?

[핵심어 체크] ☐원자력발전 ☐친환경 ☐에너지효율 ☐방사능 ☐신재생에너지

▲ 경북 울진군에 있는 한울원자력발전소 전경

> 탄소 배출 측면에서는 매우 친환경적 에너지야!

> 읽기 난이도 좋아요!

원자력 발전소는 우라늄의 핵분열 반응을 통해 전기 에너지를 생산하는 시설로, 현대 사회에서 중요한 전력 공급원으로 활용되고 있습니다. 원자력 발전은 에너지 부족 문제를 해결하고, 지구 온난화에 대응하며, 전력난을 완화할 수 있는 효율적인 에너지원이라는 점에서 우리나라를 비롯한 많은 국가에서 채택하고 있습니다. 하지만 이러한 원자력 발전소를 둘러싼 찬반 논쟁은 여전히 활발하게 이어지고 있습니다.

원자력 발전을 찬성하는 측은 여러 근거를 제시합니다. 우선, 원자력 발전은 신재생 에너지❶에 비해 전기 단가가 낮아 경제적이라는 점입니다. 태양광이나 풍력 같은 신재생 에너지는 초기 설치 비용과 유지 비용이 높고, 날씨와 계절에 따라 전력 생산량이 달라 안정적인 공급에 한계가 있습니다. 반면 원자력 발전은 대규모 전력 생산이 가능하고, 장기적으로 비용 대비 효율성이 높아 경제적이라는 장점이 있습니다. 또한 원자력 발전은 우라늄의 핵분열을 이용해 전기를 생산하면서 이산화탄소를 거의 배출하지 않기 때문에 친환경 에너지로 평가받습니다. 화석연료를 사용하는 발전소와 달리 온실가스 배출을 크게 줄일 수 있어 기후변화 대응과 탄소 중립 목표 달성에도 기여할 수 있습니다.

반대로 원자력 발전에 반대하는 입장은 그 위험성과 불안정성을 강조합니다. 원자력 발전소는 운영 과정에서 방사능❷을 배출할 수 있으며, 사고 발생 시 큰 피해를 초래할 수 있습니다. 실제로 구소련의 체르노빌 원전 사고와 일본 후쿠시마 원전 사고에서 볼 수 있듯, 방사능 유출은 광범위한 지역에 영향을 미치며 인명과 환경에 심각한 피해를 줍니다. 또한 원자력 발전소 건설에는 막대한 초기 비용이 필요하고, 운영·유지·폐쇄 과정에서도 많은 비용이 들어 비경제적이라는 비판도 존재합니다.

▲ 사고 당시 후쿠시마 원전 폭발 장면

안전 시설과 규제 준수에도 지속적인 투자가 필요하며, 방사성 폐기물 처리 문제도 완전히 해결되지 않아 장기적인 위험 요인으로 남아 있습니다.

이렇듯 원자력 발전소의 필요성에 대한 찬반 논쟁은 단순히 기술적·경제적 문제를 넘어 사회적·환경적·정책적 문제와 직결됩니다. 현대 사회에서 전기 에너지는 일상생활과 산업 활동에서 없어서는 안 될 필수 자원입니다. 따라서 에너지 효율이 좋은 원자력 발전소를 계속 운영해야 할 것인지, 아니면 만일의 원전 사고에 대비해 **탈원전**❸을 추진해야 할 것인지의 문제는 신중한 판단이 요구됩니다. 실제로 원자력 정책은 대통령 선거 때마다 각 후보자들의 공약으로 등장할 만큼 국민 생활과 직결된 중요한 의제로 다뤄지고 있습니다.

여러분은 어떻게 생각하시나요? 안정적인 전력 공급과 경제적 효율성을 위해 원자력 발전소를 유지해야 할까요, 아니면 사고 위험과 환경 문제를 고려해 탈원전을 선택해야 할까요? 원자력 발전소의 필요성과 안전성을 함께 고민하고, 지속 가능한 에너지 정책 방향을 설정하는 것은 우리 사회가 반드시 해결해야 할 중요한 과제입니다.

국어공신 선생님의 **어휘 다지기!**

❶ **신재생 에너지:** 신에너지와 재생 에너지를 아울러 이르는 말. 연료 전지, 수소 에너지, 태양열 에너지, 해양 에너지 등을 가리킨다. 〔예시문〕 정부는 40조를 투자해 신재생 에너지 산업을 육성한다.

❷ **방사능:** 라듐, 우라늄, 토륨 따위 원소의 원자핵이 붕괴하면서 방사선을 방출하는 일. 〔예시문〕 우크라이나의 방사능 유출 사고는 많은 백혈병 환자를 발생시켰다.

❸ **탈원전:** 전력 생산을 원자력 발전소에 의존하는 상황에서 벗어남. 〔예시문〕 후쿠시마 원전 사고 이후 탈원전 흐름 속에서 그린 에너지는 선택이 아닌 필수다.

비판적 사고 키워 볼까요?

1 다음 내용을 읽고 맞으면 O, 틀리면 X를 선택하세요.

① 원자력 발전은 에너지 부족, 지구 온난화, 전력난 등을 해결할 수 있는 효율적인 에너지 원이기 때문에 현재 우리나라를 비롯한 대부분의 국가에서 사용한다. (O, X)

② 원자력 발전소는 우라늄의 핵분열 반응을 통해 전기 에너지를 생산하는 시설을 말한다. (O, X)

③ 원자력 발전은 우라늄의 핵분열을 사용하므로 이산화탄소를 배출하여 환경오염의 원인이 된다. (O, X)

2 '원자력 발전소'란 무엇인가요?

3 '원자력 발전을 찬성하는 입장의 근거와 반대하는 입장의 근거'는 무엇인가요?

4 다음 단어를 넣어 문장을 만들어보세요.

- 신재생 에너지:
- 방사능:
- 탈원전:

5 후쿠시마 원전 사고나 체르노빌 사고와 같은 사례를 통해 원자력 발전소의 위험성을 설명하고, 이러한 위험을 줄이기 위한 방안에는 무엇이 있는지 적어보세요.

아주 중요한 문제야!

 6 다음 논제 '원자력 발전소는 필요하다.'에 대해 찬성과 반대의 의견을 말하고 그 근거를 적어보세요.

찬성	반대

✻ 국어공신 선생님의 이것만은 꼭!!

한 걸음 더 깊이

원자력은 무궁무진한 잠재력을 지닌 에너지원이지만, 그만큼 큰 위험성도 내포하고 있습니다. 과거와 달리 기술이 발전한 오늘날에는 적극적인 연구·개발을 통해 안전 기술을 확보하는 것이 중요합니다. 원자력 발전 사고를 예방하기 위해서는 전문가, 정부, 지역 사회가 함께 협력하고, 지속적인 감시와 투명한 정보 공유가 반드시 필요합니다.

6주 / 5일

교과 연계: 6-2 과학_5. 에너지와 생활

한국, 핵무기 보유해야 할까?

[핵심어 체크] □핵무기 □핵우산 □국가안보 □자주국방 □핵확산금지조약

한국의 핵 보유 문제는 정치, 경제, 안보 등 다양한 영역에서 활발하게 논의되고 있으며, 국민적 관심이 매우 높은 주제입니다. 특히 미국에서 트럼프 2기 행정부가 출범하면서 한국의 자체적인 핵 보유 가능성이 다시 주목받고 있는 실정입니다. 핵 보유 문제는 단순한 군사적 선택이 아니라 외교, 국제관계, 경제적 측면까지 복합적으로 연결되어 있어 찬반양론이 첨예하게 대립하고 있습니다. 이에 따라 한국의 핵 보유와 관련된 다양한 주장과 우려를 살펴보는 것이 필요합니다.

먼저 핵 보유 찬성론자들의 주장에 따르면, 현재 핵무기를 이미 보유하고 있는 북한의 지속적인 핵 위협에 대응하기 위해서는 한국이 독자적으로 핵을 보유해야 한다고 말합니다. 북한은 핵실험과 탄도미사일 발사를 통해 실질적 위협을 가하고 있으며, 이런 상황에서 한국이 핵무기를 자체적으로 보유하면 외교적·군사적으로 자주국방❶을 실현할 수 있다는 논리입니다. 핵무기를 보유하면 한국은 더 이상 미국에 전적으로 의존하지 않고도 국방력을 강화하며, 정치적 이익을 확보할 수 있고, 북한과의 힘의 균형을 맞추는 억지력으로 작용할 수 있다고 강조합니다. 찬성론자들은 이를 통해 한국의 국가안보와 외교적 지위를 향상시키고, 독립적 결정을 내릴 수 있는 능력을 갖출 수 있다고 주장합니다.

반면 핵 보유 반대론자들은 한국이

▲ 북한이 신형 대륙간탄도미사일(ICBM) '화성-17'형을 시험발사하는 모습

핵을 보유할 경우 발생할 수 있는 여러 위험과 부정적 영향을 지적합니다. 우선 한국은 미국이 제공하는 '핵우산❷'을 통해 안보를 보장받고 있으며, 만약 독자적으로 핵무기를 보유하게 되면 미국이 한국 방어를 위해 핵무기를 포함한 군사력을 사용할 것을 약속

▲ 미국이 한국에 대해 핵공유나 전술핵 재배치를 결정할 경우 'B61계열'의 전술핵폭탄을 운용하게 될 가능성도 있다.

한 공약이 철회될 가능성이 있습니다. 이는 한미동맹을 약화시키고, 장기적으로 한국의 안보 환경을 불안정하게 만들 수 있습니다. 또한 한국이 핵무기를 보유하는 것은 국제 사회가 체결한 '핵 확산 금지 조약(NPT)'을 위반하게 되어 한국의 국제적 신뢰를 심각하게 훼손할 수 있습니다. 이러한 신뢰 훼손은 경제 제재, 외교적 고립❸으로 이어져 국가의 위상❹을 크게 떨어뜨리고, 장기적으로 안보와 경제에 부정적인 영향을 미칠 수 있다는 점에서 반대론자들은 핵 보유를 경계해야 한다고 주장합니다.

　이렇듯 한국의 독자적 핵 보유 문제는 국제사회에서 평화를 유지하면서 국가 안보를 확보하는 매우 어려운 과제입니다. 찬반 양측의 논리를 모두 살펴보면 장단점이 뚜렷하며 단순한 결론을 내리기 어렵습니다. 핵 보유 여부는 단순한 군사적 선택이 아니라 국가 안보 전략, 외교적 신뢰, 경제적 안정 등 다양한 요소와 연결되어 있기 때문에 신중한 검토가 필요합니다. 한국은 국제사회와의 협력과 동맹을 유지하면서도 자주적인 국방 능력을 확보할 수 있는 현실적 방안을 모색해야 할 것입니다.

국어공신 선생님의 어휘 다지기!

❶ **자주국방:** 스스로의 힘으로 적의 침략으로부터 나라를 지킴. 〔예시문〕 타국의 군사 원조에서 벗어나 자주국방을 이룩하여야 한다.　❷ **핵우산:** 핵무기가 없는 나라가 국가의 안전 보장을 위하여 의존하는 핵무기 보유국의 핵전력을 비유적으로 이르는 말. 〔예시문〕 아시아의 여러 국가들은 미국의 핵우산 아래에 있다.　❸ **고립:** 다른 사람과 어울리어 사귀지 아니하거나 다른 사람의 도움을 받지 못하여 외따로 떨어짐. 〔예시문〕 홍수로 마을이 고립 상태에 처했다.　❹ **위상:** 어떤 사물이 다른 사물과의 관계 속에서 가지는 위치나 상태. 〔예시문〕 위상이 추락하다.

비판적 사고 키워 볼까요?

1 다음 내용을 읽고 맞으면 O, 틀리면 ✕를 선택하세요.

① 핵 보유 반대론자들은 한국이 외교적, 군사적으로 자주국방을 이루기 위해서는 자체적으로 핵을 보유해서는 안 된다고 주장한다. (O, ✕)

② 핵 보유 반대론자들은 한국이 자체적으로 핵을 보유하게 되면 국제사회에서 한국의 신뢰도가 크게 훼손된다고 보고 있다. (O, ✕)

③ 한국은 현재 핵 확산 금지 조약(NPT)에 가입되어 있다. (O, ✕)

2 '핵우산'이란 무엇이며 '현재 한국의 핵우산은 어느 나라'인지 조사해 적어보세요.

3 '한국이 핵을 보유해야 한다고 보는 입장의 근거'는 무엇인가요?

4 한국이 핵무기를 보유할 경우 국제사회에서 어떤 외교적·경제적 제재를 받을 가능성이 있는지 적어보세요.

5 북한의 핵 개발과 보유가 한국의 핵무장 논의에 어떤 영향을 미쳤는지 설명하고, 이에 대한 한국 정부의 대응 방향을 적어보세요.

_{생각
넓히기}

6 다음 논제 '한국은 핵을 보유해야 한다.'에 대해 찬성과 반대의 의견을 말하고 그 근거를 적어보세요.

_{논리력
키우기}

찬성	반대

국어공신 선생님의 이것만은 꼭!!

핵보유국들은 동맹국들에게 핵우산을 제공하고, 비핵보유국에 대한 핵무기 사용을 금지함으로써 안보 불안을 완화해왔습니다. 한국은 1975년 핵확산금지조약(NPT)에 가입해 핵무기를 개발하거나 보유하지 않겠다고 약속했습니다. 만약 한국이 핵무기를 개발하거나 보유하게 되면 이 조약을 위반하는 것이며, 국제적 신뢰와 국가 위상이 크게 손상될 수 있습니다.

교과 연계: 5-1 사회_2. 인권 존중과 정의로운 사회
5-1 사회_1. 국토와 우리 생활_우리나라의 산업 발달

유전자 조작 기술, 허용해도 될까?

[핵심어 체크] ☐유전자조작 ☐GMO ☐기술혁신 ☐안전성 ☐윤리성

읽기 난이도 좋아요!

　최근 과학 기술의 발전과 함께 유전자 조작 기술이 전 세계적으로 큰 관심을 받고 있습니다. '유전자 조작 기술'이란 생물의 유전 물질을 인위적❶으로 변형하거나 조작하여 새로운 특성을 부여하는 과정을 말합니다. 이러한 과정을 통해 생물의 특성이나 기능을 원하는 방향으로 바꿀 수 있으며, 이는 인류의 생활과 산업 전반에 큰 변화를 가져오고 있습니다. 유전자 조작 기술은 농업, 의학, 환경 등 다양한 분야에서 광범위하게 활용되고 있으며, 미래 사회의 핵심 기술 중 하나로 평가받고 있습니다.

▲ 외부 유전자를 주입해 안토시아닌 함유량을 크게 늘린 보라색 토마토

　특히 농업 분야에서 유전자 조작 기술은 혁신적❷인 발전을 이루어 냈습니다. 해충, 가뭄, 질병 등에 강한 유전자 변형 작물(GMO, Genetically Modified Organism)을 개발함으로써 농작물의 생산량을 높이고, 식량 부족 문제를 완화하는 데 기여했습니다. 예를 들어, 병충해에 강한 유전자 변형 옥수수나 콩은 농약 사용을 줄여 환경 오염을 감소시키고, 농부들의 생산 비용 절감에도 도움을 주고 있습니다. 또한 기후 변화에 강한 작물 개발로 인해 안정적인 식량 공급이 가능해져 전 세계적인 식량 안보에도 긍정적인 영향을 미치고 있습니다.

　의학 분야에서도 유전자 조작 기술의 활용은 매우 두드러집니다. 특정 유전 질환을 가진 환자의 유전 정보를 분석하고, 이상이 있는 유전자를 교정함으로써 맞춤형 치료가 가능해졌습니다. 최근에는 유전자 치료(Gene Therapy) 기술

이 발전하면서 암, 희귀병, 난치병 등 기존에 치료가 어려웠던 질병에도 새로운 치료 가능성을 열었습니다. 이러한 기술은 인류의 건강 증진과 생명 연장에 큰 기여를 하고 있으며, 앞으로 더욱 발전할 것으로 기대됩니다.

유전 질환을 근본적으로 치료할 수 있는 기회야!

　유전자 조작 기술은 환경 보호에도 중요한 역할을 합니다. 유전자 변형 미생물을 활용해 오염된 토양이나 수질을 정화할 수 있으며, 병충해❸에 강한 작물을 개발함으로써 농약이나 화학 비료의 사용을 줄일 수 있습니다. 이는 생태계의 오염을 줄이고, 지속 가능한 농업 발전에 이바지한다는 점에서 의미가 큽니다.

　그러나 이러한 장점에도 불구하고 유전자 조작 기술에 대한 우려의 목소리도 여전히 존재합니다. 가장 큰 문제는 윤리성과 안전성입니다. 인위적인 유전자 변형은 생태계의 질서를 파괴하고 교란시킬 위험이 있으며, 유전자 변형 식품이 인체에 부정적 영향과 더불어 안전성 또한 완전히 검증되지 않았습니다. 실제로 일부 연구에서는 유전자 변형 식품이 알레르기를 유발하거나 면역 체계에 변화를 일으킬 수 있다는 결과가 보고되었습니다.

　이처럼 유전자 조작 기술은 분명 인류의 발전에 큰 가능성을 제공하지만, 동시에 예측하기 어려운 부작용을 내포한 양면성❹을 지니고 있습니다. 따라서 이 기술의 발전은 과학적 검증과 윤리적 기준을 바탕으로 신중히 이루어져야 하며, 앞으로도 전문가들의 지속적인 연구와 사회적 논의를 통해 올바른 방향으로 발전시켜 나가야 할 것입니다.

집중

국어공신 선생님의 어휘 다지기!

❶ **인위적:** 자연의 힘이 아닌 사람의 힘으로 이루어지는 것. 예시문 그런 인위적 방법은 별로 마음에 들지 않는다. ❷ **혁신적:** 묵은 풍속, 관습, 조직, 방법 따위를 완전히 바꾸어 새롭게 하는 것. 예시문 증기 기관의 발명은 동력에 있어 혁신적인 것이었다. ❸ **병충해:** 농작물이 병과 해충으로 인하여 입은 피해. 예시문 병충해가 심하다. ❹ **양면성:** 한 가지 사물에 속하여 있는 서로 맞서는 두 가지의 성질. 예시문 아름다운 장미가 가시를 가진 것처럼 모든 사물은 양면성을 가지고 있다.

비판적 사고 키워 볼까요?

1 윗글의 내용과 일치하지 않는 것은?

① 유전자 조작 기술을 통해 생물의 특성이나 기능을 원하는 대로 변형시킬 수 있다.
② 유전자 조작 기술은 농업, 의학, 환경 등 여러 분야에서 활용된다.
③ 유전자 변형 식품은 최근 안정성이 입증되어 식량 문제 해결에 기여하고 있다.
④ 유전자 조작 기술은 환경오염을 예방하는 데 도움이 된다.
⑤ 유전자 조작 기술은 희귀병과 난치병 치료에 도움이 될 수 있다.

2 '유전자 조작 기술'이란 무엇인가요?

3 '유전자 조작 기술의 장점 및 단점'은 무엇인가요?

4 농업 분야에서 유전자 조작 기술이 적용된 사례를 하나 들어 설명하고, 그 장점과 우려를 함께 적어보세요

5 인간 유전자 조작 기술(예: 유전자 편집)을 의료 분야에 적용하는 것에 대해 윤리적 관점에서 찬성과 반대 입장을 비교하여 적어보세요

생각 넓히기

 6 다음 논제 '유전자 조작 기술을 허용해야 한다.'에 대해 찬성과 반대의 의견을 말하고 그 근거를 적어보세요.

논리력 키우기

아주 중요한 문제야!

찬성	반대

 국어공신 선생님의 이것만은 꼭!!

한 걸음 더 깊이

유전자 조작 기술은 농업, 의학, 환경 등 여러 분야에서 활용되면서 무한한 잠재력을 가진 기술로 각광받고 있습니다. 하지만 유전자 조작 기술에는 여전히 윤리적, 사회적 논란이 있으며, 인간과 동물, 환경에 미칠 안전성과 장기적인 영향에 관한 연구는 아직 부족한 실정입니다. 그러므로 유전자 조작 기술과 관련해서는 안전성과 관련한 심도 있는 연구가 필요할 것입니다.

과학·기술

6주 / 7일

교과 연계: 6-1 도덕_1. 내 삶의 주인은 바로 나
3. 나를 돌아보는 생활

청소년의 스마트폰 중독과 디지털 디톡스

[핵심어 체크] ☐스마트폰중독 ☐우울감 ☐불안감 ☐디지털디톡스

읽기 난이도 좋아요!

스마트폰 사용량이 적을수록 우울감과 불안감이 높아져!

10대 청소년들의 스마트폰 사용 시간이 점점 늘어나고, 휴대폰을 소지하는 연령대 또한 낮아지면서 스마트폰 중독 현상이 심각한 사회 문제로 대두❶되고 있습니다. 스마트폰 중독이 청소년에게 미치는 심리적, 신체적, 사회적 영향을 살펴보면 다음과 같습니다.

스마트폰에 의존하는 청소년일수록 불안감과 우울감이 높다는 연구 결과가 있습니다. 특히 SNS의 반응에 일희일비❷하며 감정의 기복❸이 심해지는 경우가 많습니다. 누군가의 '좋아요'나 댓글 수에 따라 기분이 달라지고, 비교와 경쟁 속에서 자존감이 낮아지는 경우도 적지 않습니다. 이처럼 스마트폰은 청소년의 감정에 직접적인 영향을 미쳐 정신적인 불안정을 초래할 수 있습니다.

신체적으로도 부정적인 결과가 나타납니다. 스마트폰 사용 시간이 길어질수록 시력이 나빠지고 수면의 질이 저하❹됩니다. 특히 자기 전까지 스마트폰을 사용하는 습관은 숙면을 방해하며 피로와 집중력 저하를 불러옵니다. 또한 고개를 숙인 자세로 장시간 작은 화면을 들여다보면 거북목 증후군이나 목 디스크, 두통 같은 질환이 생길 위험이 높습니다.

사회적 측면에서도 문제가 큽니다. 스마트폰 세상에 갇혀 살다 보면 현실의 인간관계가 약해지고, 감정 표현이 서툴러집니다. 온라인에서는 활발하지만 실제 대화에서는 어색하거나 의욕이 없는 청소년들이 늘고 있습니다. 친구들과의 대화보다 메시지나 SNS를 통한 소통에 익숙해지면서 진심 어린 관계 형성이 어려워지는 것입니다.

▲ 사격 체험하는 KT '디지털 디톡스 캠프' 참가자들

디지털 디톡스는 삶의 균형을 찾는 데 도움을 주네!

그렇다면 스마트폰 중독, 어떻게 해결할 수 있을까요? 여러분은 '디지털 디톡스(Digital Detox)'라는 말을 들어본 적이 있나요? 디지털 디톡스란 스마트폰, 컴퓨터, 태블릿 등 디지털 기기의 사용을 일시적⁵으로 중단하거나 줄이는 행위를 말합니다.

이를 실천하기 위한 방법은 다양합니다. 첫째, 스마트폰 사용 시간을 정해 놓고 매일 체크하면서 점차 줄이는 습관을 들이는 것입니다. 둘째, 스마트폰을 집에 두고 산책하거나 야외 활동을 하는 것입니다. 처음에는 불안할 수 있지만 반복하다 보면 점점 익숙해지고, 오히려 마음의 여유를 느낄 수 있습니다. 셋째, 식사 시간이나 잠들기 전에는 스마트폰 사용을 일정 시간 금지하는 것입니다. 가족과의 대화 시간을 늘리고, 충분한 휴식을 취하는 데 도움이 됩니다.

스마트폰 중독에서 벗어나기 위해서는 부모님과 선생님, 주변 어른들의 관심과 조언이 필요합니다. 그러나 무엇보다 중요한 것은 청소년 스스로 절제력을 기르는 것입니다. 처음에는 어렵더라도 조금씩 노력하다 보면 어느새 스마트폰 세상보다 더 크고 밝은 진짜 세상을 마주하게 될 것입니다.

집중

국어공신 선생님의 어휘 다지기!

❶ **대두:** 어떤 세력이나 현상이 새롭게 나타남을 이르는 말. 예시문 우리는 뜻하지 않은 문제의 대두로 난관에 봉착했다. ❷ **일희일비:** 한편으로는 기뻐하고 한편으로는 슬퍼함. 예시문 인생사는 일희일비로 이어진다. ❸ **기복:** 세력이나 기세, 기운 등이 높아졌다 낮아졌다 함. 예시문 그녀는 감정의 기복이 심하다. ❹ **저하:** 정도, 수준, 능률 따위가 떨어져 낮아짐. 예시문 교육의 양적 팽창이 질적인 저하를 초래했다. ❺ **일시적:** 짧은 한때의. 예시문 아내는 일시적 기분에 좌우되지 않는 신중한 사람이다.

비판적 사고 키워 볼까요?

1 다음 내용을 읽고 맞으면 O, 틀리면 X를 선택하세요.

① 청소년들의 스마트폰 중독이 심각한 사회 문제가 되고 있다. (O, X)
② 청소년들이 스마트폰에 중독되면 시력 저하, 수면 저하, 우울감과 불안감 등이 나타날 수 있다. (O, X)
③ 디지털 디톡스란 디지털 기기를 이용해 학습 능률을 높이는 것이다. (O, X)
④ 스마트폰 중독에서 벗어나기 위해서는 무엇보다 자신의 의지가 가장 중요하다. (O, X)

2 '스마트폰이 청소년에게 미치는 심리적, 신체적, 사회적 현상'에 대해 적어보세요.

3 '디지털 디톡스'란 무엇인가요?

4 '지문에 제시된 디지털 디톡스 방안 외에 여러분이 생각하는 방안'을 적어보세요.

5 디지털 디톡스가 인간관계에 미치는 영향에 대해 적어보세요.

생각
넓히기

6 다음 논제 '청소년들의 교내 스마트폰 사용을 허락해야 한다.'에 대해 찬성과 반대의 의견을 말하고 그 근거를 적어보세요.

논리력
키우기

아주 중요한 문제야!

찬성	반대

 한 걸음 더 깊이

✱ 국어공신 선생님의 **이것만은 꼭!!**

버스나 지하철, 길거리에서도 스마트폰에 몰입한 사람들을 쉽게 볼 수 있습니다. 이들을 일컫는 '스몸비(스마트폰+좀비)'라는 신조어까지 생겨날 정도로 스마트폰은 우리 삶의 필수품이 되었습니다. 디지털 기기를 활용하는 것은 분명 유익하지만, 과도한 사용은 문제를 일으킬 수 있습니다. 디지털 디톡스를 실천하며 스마트폰을 현명하게 사용하는 청소년이 되기를 바랍니다.

과학·기술

7주 / 1일

교과 연계: 5-1 사회_1. 국토와 우리 생활_우리나라의 산업 발달

인공지능의 발전, 위기일까 기회일까?

[핵심어 체크] ☐인공지능 ☐AI ☐위기 ☐기회 ☐양면성

읽기 난이도 좋아요!

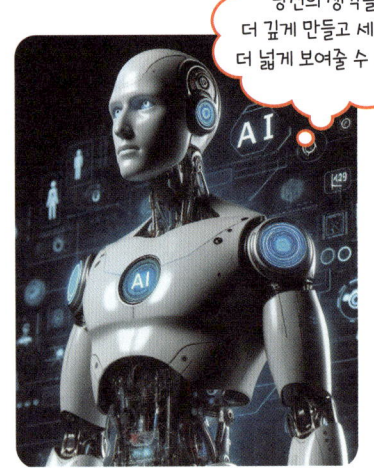

당신의 생각을 더 깊게 만들고 세상을 더 넓게 보여줄 수 있어!

인공지능(AI, Artificial Intelligence)이란 사람의 학습 능력, 생각 능력, 말하기 능력 등을 컴퓨터 프로그램으로 실현한 기술을 말합니다. 즉, 인간의 지적 활동을 컴퓨터가 대신 수행하도록 하는 기술입니다. 오늘날 인공지능은 이미 우리 생활 속에서 쉽게 찾아볼 수 있습니다. 예를 들어 인공지능을 활용한 로봇이 음식점에서 서빙을 하고, 간단한 명령어만 입력하면 인공지능이 대신 그림을 그려주거나 글을 써주는 등, 컴퓨터나 로봇이 인간처럼 지능적인 행동을 하는 모습을 흔히 볼 수 있습니다.

지난 2016년, 이세돌 9단과 인공지능 프로그램 알파고❶의 바둑 대결은 전 세계의 큰 관심을 받았습니다. 많은 사람들이 인간의 승리를 예상했지만, 결과는 알파고의 압승이었습니다. 이 사건은 인공지능의 가능성을 전 세계에 알리는 계기가 되었고, 이후 10년 가까운 시간 동안 인공지능은 비약❷적인 발전을 이루어냈습니다. 단순히 저장된 정보를 바탕으로 주어진 명령을 수행하던 수준을 넘어, 이제는 문제를 스스로 인식하고 가장 적절한 해결책을 찾아내며, 나아가 자신의 의견을 표출❸하는 수준까지 발전하고 있습니다. 이처럼 인공지능은 인간의 사고 방식을 점점 더 닮아가고 있습니다.

그렇다면 인공지능의 발전은 인간에게 위기일까요, 아니면 기회일까요? 인

공지능의 발전을 긍정적으로 바라보는 사람들은 인공지능이 인류의 삶을 더 풍요롭고 편리하게 만들어 줄 것이라고 기대합니다. 예를 들어 인공지능이 난치병 치료에 도움을 주거나, 재난 상황에서 인명을 구조하고, 위험하고 힘든 일을 대신 수행한다면 사람들은 더 안전하고 편안한 생활을 누릴 수 있을 것입니다. 또한 인공지능을 통해 새로운 산업이 생겨나고, 사회 전반의 효율성이 높아질 것이라는 전망도 있습니다. 이런 점에서 인공지능은 인류의 미래를 밝히는 중요한 기술로 평가받고 있습니다.

하지만 인공지능의 발전이 반드시 긍정적인 결과만을 가져오는 것은 아닙니다. 일부 전문가들은 인공지능이 사람의 일자리를 대체하면서 실업률이 높아지고, 사회적 불평등이 심화될 수 있다고 경고합니다. 실제로 로봇이 공장이나 물류 현장에서 사람 대신 일하고, 인공지능이 번역, 상담, 작문 등 다양한 분야의 업무를 수행하면서 기존 직업이 사라질 가능성이 커지고 있습니다. 게다가 인공지능 기술이 범죄나 해킹, 가짜 뉴스 제작 등에 악용❹될 위험성도 존재합니다. 인공지능을 활용한 무기가 개발되어 인류의 안전을 위협할 가능성 또한 배제할 수 없습니다.

이처럼 인공지능의 발전은 인간에게 커다란 기회이자 동시에 위기로 다가오고 있습니다. 인류는 인공지능을 어떻게 활용할지에 대한 고민을 멈추지 말아야 합니다. 기술의 편리함과 효율성만을 추구하기보다, 인공지능의 부작용을 최소화할 수 있는 윤리적 기준과 사회적 제도를 마련해야 합니다. 그렇게 한다면 인공지능은 인간의 경쟁자가 아닌, 함께 성장하는 동반자가 될 수 있을 것입니다.

국어공신 선생님의 어휘 다지기!

❶ **알파고:** 구글의 인공지능 자회사 딥마인드가 개발한 바둑 전용 AI 프로그램이다. 예시문 이세돌이 알파고에 질 줄은 몰랐다.

❷ **비약:** 지위나 수준이 갑자기 빠른 속도로 높아지거나 향상됨. 예시문 경제의 비약이 생활을 윤택하게 했다.

❸ **표출:** 겉으로 나타냄. 예시문 전쟁은 사실 인간들이 연출하는 가장 노골적인 적대감의 표출이었다.

❹ **악용:** 알맞지 않게 쓰거나 나쁜 일에 씀. 예시문 법은 악용될 소지가 있다.

비판적 사고 키워 볼까요?

1 다음 내용을 읽고 맞으면 O, 틀리면 ✕를 선택하세요.

① 인공지능이란 사람의 학습 능력, 생각 능력, 말하기 능력 등을 컴퓨터 프로그램으로 실현한 기술이다. (O, ✕)

② 2016년 바둑 대결에서 알파고가 이세돌 9단을 이긴 것은 인공지능의 발전을 보여주는 사례이다. (O, ✕)

③ 인공지능이 발전하면 의료 기술도 발전하게 된다. (O, ✕)

2 '인공지능'이란 무엇인가요?

3 '우리 주변에서 인공지능을 활용한 예'는 어떤 것이 있을까요?

4 다음 단어를 넣어 문장을 만들어보세요.

* 알파고:
* 표출:
* 악용:

5 인공지능 발전과 관련하여 '인공지능의 장단점'에 대해 적어보세요.

[생각 넓히기]

6 다음 논제 '인공지능의 발전은 인간에게 기회이다.'에 대해 찬성과 반대의 의견을 말하고 그 근거를 적어보세요.

[논리력 키우기]

아주 중요한 문제야!

찬성	반대

✱ 국어공신 선생님의 이것만은 꼭!!

한 걸음 더 깊이

4차 산업혁명 시대, 인공지능은 우리 삶에 없어서는 안 될 유익한 기술로 자리 잡았습니다. 그러나 모든 기술의 발전에는 빛과 어둠이 공존합니다. 인공지능이 인류에게 도움이 되는 빛이 될지, 아니면 위협이 되는 어둠이 될지는 결국 우리가 어떻게 개발하고 활용하느냐에 달려 있습니다. 책임감 있는 자세로 인공지능을 다루는 지혜가 필요한 때입니다.

교과 연계: 5-1 사회_1. 국토와 우리 생활_우리나라의 산업 발달

인공지능 창작물 저작권, 인정해야 할까?

[핵심어 체크] □인공지능 □AI □인공지능창작물 □저작권

인공지능(AI) 창작물 저작권❶이란 인공지능이 생성한 창작물에 대한 권리를 의미합니다. 최근 인공지능 기술이 급속도로 발전하면서, 인간과 마찬가지로 인공지능이 만들어낸 창작물에도 과연 저작권을 부여❷할 수 있는가에 대한 논의가 활발하게 이루어지고 있습니다. 인공지능이 창작의 주체가 될 수 있는지, 그리고 그 결과물에 대한 권리를 누구에게 인정해야 하는지가 주요 쟁점으로 떠오르고 있습니다.

▲ 이용자의 프롬프트에 따라 미드저니가 창조한 솔라펑크 아트워크의 네 가지 버전

 현재 저작권법의 규정에 따르면 저작권의 주체는 '인간'으로 한정되어 있습니다. 따라서 인공지능이 만든 창작물에 저작권을 인정할 경우, 법적 혼란과 사회적 논쟁이 발생할 가능성이 큽니다. 일반적으로 '창작'이라는 개념은 인간의 감정, 사고, 상상력, 그리고 노력에 기반한 행위로 이해됩니다. 반면 인공지능은 스스로 사고하거나 감정을 느낄 수 없으며, 인간이 입력한 데이터를 학습하여 그 결과를 생성하는 프로그램에 불과합니다. 즉, 인공지능은 창의적 의도를 가진 주체❸로 보기 어렵기 때문에 저작권을 인정할 수 없다는 의견이 여전히 다수입니다.

그러나 최근 등장한 생성형 인공지능은 다방면으로 활용되면서 새로운 변화를 일으키고 있습니다. 인공지능은 그림, 음악, 문학 등 예술 분야는 물론 디자인, 영상, 글쓰기 등 다양한 영역에서 창작물을 생산하고 있습니다. 기술이 발전함에 따라 인공지능이 생성하는 작품은 인간의 창작물을 단순히 복제하거나 모방하는 수준을 넘어, 새로운 스타일과 표현 방식을 창조하는 단계로 진화하고 있습니다. 일부 인공지능의 작품은 인간 예술가의 결과물과 구별하기 어려울 정도로 높은 완성도를 보이며, 이미 예술적 가치를 인정받는 사례도 늘어나고 있습니다.

이처럼 인공지능이 생산한 창작물의 수준이 높아지면서 저작권 보호의 필요성 또한 커지고 있습니다. 만약 인공지능을 창작의 주체로 인정하지 않아 저작권의 보호를 받지 못한다면, 인공지능이 만든 작품이 무단[4]으로 사용되거나 복제되어 관계자들이 피해를 입을 가능성이 있습니다. 인공지능이 직접 법적 권리를 갖는 것은 어렵더라도, 그 시스템을 개발하거나 운영한 사람에게 일정한 권리를 인정해야 한다는 주장이 제기되고 있습니다.

앞으로 인공지능을 활용한 창작물은 더욱 다양해지고, 그 영향력은 사회 전반으로 확대될 것입니다. 이에 따라 인간에게만 부여된 '창작'의 개념을 보다 넓게 해석해야 할 시점이 왔습니다. 인공지능이 만들어내는 창작물의 가치를 존중하고, 공정한 보호를 제공하기 위해서는 기존 저작권법을 개정하거나 새로운 관련 법을 제정해야 합니다. 인공지능 시대의 도래에 맞는 법적·윤리적 기준을 마련한다면, 기술 발전과 예술 창작의 조화를 이루며 더 나은 사회로 나아갈 수 있을 것입니다.

국어공신 선생님의 어휘 다지기!

[1] **저작권**: 문학, 예술, 학술에 속하는 창작물에 대하여 저작자나 그 권리 승계인이 행사하는 배타적, 독점적 권리. 예시문 이 책의 저작권은 그 출판사에 양도되었다. [2] **부여**: 사람에게 권리, 명예, 임무 따위를 지니도록 해 주거나 사물이나 일에 가치, 의의 등을 붙여 줌. 예시문 총독에게 막강한 권한이 부여되었다. [3] **주체**: 사물의 작용이나 어떤 행동의 주가 되는 것. 예시문 세계의 역사를 이끌어 온 주체는 소수의 지배층인가, 민중인가? [4] **무단**: 사전에 허락이 없음. 예시문 건물의 용도를 무단으로 바꾸다.

비판적 사고 키워 볼까요?

1 다음 내용을 읽고 맞으면 O, 틀리면 ✕를 선택하세요.

① 인공지능 창작물 저작권이란 인공지능이 생성한 창작물에 대한 권리이다. (O, ✕)
② 인공지능은 그림, 음악, 미술 등 다양한 예술 분야에 활용되면서 창작물을 생성하고 있다. (O, ✕)
③ 인공지능 창작물 저작권을 인정하면 창작물의 무단 복제를 예방할 수 있다. (O, ✕)

2 '인공지능 창작물 저작권이란 무엇이며, 논란이 되고 있는 이유'는 무엇인가요?

3 인공지능 창작물의 저작권 문제를 해결하기 위해 현재 어떤 법적 또는 제도적 논의가 이루어지고 있는지 조사하여 적어보세요.

4 <보기>에서 알맞은 단어를 찾아 괄호 안에 넣어보세요.

보기   ㉠부여 ㉡저작권 ㉢주체 ㉣무단 ㉤부여

① 문예·학술 창작물에 대한 저작자의 배타적·독점적 권리. (   )
② 사물의 작용이나 어떤 행동의 주가 되는 것. (   )
③ 사전에 허락이 없음. (   )
④ 사람이나 사물에 권리·가치·의의를 더하는 행위. (   )

5 인공지능이 생성한 창작물에 대해 저작권이 인정되기 위해 필요한 조건은 무엇이 있는지 적어보세요.

아주 중요한 문제야!

 6 다음 논제 '인공지능 창작물의 저작권을 인정해야 한다.'에 대해 찬성과 반대의 의견을 말하고 그 근거를 적어보세요.

찬성	반대

✳ 국어공신 선생님의 이것만은 꼭!!

한 걸음 더 깊이

대부분의 국가에서는 인공지능 창작물에 저작권을 인정하지 않으며, 그 권리는 인공지능을 운용한 인간에게 부여됩니다. 우리나라도 저작권법상 창작 주체를 인간으로 한정하고 있어 인공지능이 만든 작품은 보호 대상이 아닙니다. 하지만 인공지능의 창작 능력이 빠르게 발전함에 따라 저작권 인정 여부를 둘러싼 논의는 더욱 활발해질 전망이며, 이에 따라 저작권법의 해석도 변화가 필요합니다.

과학·기술

전자책과 종이책, 어떤 것을 읽어야 할까?

교과 연계: 5-1 사회_1. 국토와 우리 생활_우리나라의 산업 발달

[핵심어 체크] ☐전자책 ☐휴대성 ☐경제성 ☐종이책

읽기 난이도 좋아요!

종이 없이 펼쳐지는 지식의 세계를 보여줄게!

전자책(e-Book)은 'Electronic Book'의 줄임말로, 종이에 인쇄되는 기존 책과 달리 디지털 파일 형태로 제작된 책을 의미합니다. 이러한 전자책은 스마트폰, 태블릿, 전자책 리더기 등 다양한 기기를 통해 손쉽게 읽을 수 있으며, 휴대성과 접근성이 뛰어난 것이 특징입니다. 최근 출판 환경이 빠르게 변하고 독서 방식이 다양해지면서 전자책은 종이책의 단순한 대체제가 아닌, 새로운 독서 트렌드로 자리잡고 있습니다.

대한출판문화협회가 발표한 '2024년 한국 출판 생산 통계'에 따르면, 2024년 신간 도서의 평균 가격은 1만 9526원으로 조사되었습니다. 종이책 한 권이 2만 원에 가까워진 셈이며, 이는 전년 대비 약 5% 상승한 수치입니다. 책값이 꾸준히 오르고 있는 반면, 독서 인구는 계속 줄어드는 추세입니다. 실제로 문화체육관광부의 '2023년 국민 독서 실태❶ 조사'에 따르면 1년에 한 권 이상 책을 읽는 성인 비율은 43%에 불과했습니다. 다시 말해 성인 10명 중 6명은 종이책이나 전자책을 포함한 어떤 형태의 책도 읽지 않는다는 의미입니다. 특히 종이책 구매량은 계속 감소하고 있으며, 성인 평균 도서 구입량은 종이책 1.0권, 전자책 1.2권으로 나타났습니다. 전자책이 종이책보다 소폭 많은 상황은 독서 방식의 변화와 디지털 독서 환경 확산을 보여줍니다.

전자책의 가장 큰 장점은 편리성❷입니다. 시간과 장소에 구애❸받지 않고 언

제든지 책을 읽을 수 있으며, 하나의 기기에 수십 권에서 수백 권의 책을 저장할 수 있어 이동이 잦은 현대인에게 적합합니다. 또한 전자책은 대체로 종이책보다 저렴하며, 제작 과정에서 종이와 잉크, 물류 에너지가 절감되기 때문에 환경 보호 측면에서도 긍정적입니다. 이러한 경제적·환경적 장점은 전자책이 주목받는 중요한 이유입니다.

그러나 전자책에도 단점이 있습니다. 화면을 오랜 시간 바라보면 눈에 피로가 쌓일 수 있고, 스마트폰이나 태블릿으로 독서할 경우 알림, 메시지, SNS 등 다양한 방해 요소들 때문에 집중력이 저하❹될 수 있습니다. 반면 종이책은 책장의 질감, 종이를 넘기는 소리, 잉크 향기 등 전자책에서는 느낄 수 없는 감성과 물성❺을 제공합니다. 이러한 감각적 경험은 독서의 몰입도와 만족감을 높이고, 기억력 향상에 도움을 준다는 연구 결과도 있습니다. 하지만 종이책은 무겁고 부피가 있어 휴대가 불편하며, 가격도 상대적으로 비싸고 제작 과정에서 많은 자원이 소모된다는 단점이 있습니다.

결국 전자책과 종이책은 각각 강점과 약점이 있습니다. 전자책은 편리하고 경제적이며 환경 친화적이지만 눈 피로와 집중 방해 요소가 있을 수 있고, 종이책은 감성과 몰입감을 제공하지만 비용과 휴대성 면에서 한계가 있습니다. 중요한 것은 어떤 형식이 더 우월한가가 아니라, 자신에게 맞는 방식으로 꾸준히 책을 읽는 것입니다. 독서의 가치는 형식이 아니라 '읽는 행위'에 있습니다. 여러분이라면 편리함을 선택하시겠습니까, 아니면 감성을 선택하시겠습니까? 두 방식을 균형 있게 활용해 독서를 생활 속에 자연스럽게 녹여보는 것이 가장 현명한 방법일 것입니다.

국어공신 선생님의 어휘 다지기!

❶ **실태:** 있는 그대로의 상태. **예시문** 환경 오염 실태에 대하여 조사하다. ❷ **편리성:** 편리하고 이용하기 좋은 특성. **예시문** 열차는 수송의 편리성을 가지고 있다. ❸ **구애:** 거리끼거나 얽매임. **예시문** 생활에 아무런 구애 없이 지내다. ❹ **저하:** 정도, 수준, 능률 따위가 떨어져 낮아짐. **예시문** 희진이는 최근 시력의 저하가 심해졌다. ❺ **물성:** 물질이 가지고 있는 성질. **예시문** 온도가 증가하면 고체 같은 물성이 액체 같은 물성으로 바뀐다.

비판적 사고 키워 볼까요?

1 다음 내용을 읽고 맞으면 ○, 틀리면 ✕를 선택하세요.

① 전자책(e-Book)이란 종이가 아닌 디지털 파일로 제작되는 책을 말한다. (○, ✕)
② 종이책 값이 떨어지면서 한국의 독서 인구는 점점 증가하는 추세이다. (○, ✕)
③ 전자책은 종이책에 비해 상대적으로 구매 가격이 저렴하다. (○, ✕)
④ 종이책은 전자책에 비해 눈의 피로도를 감소시킬 수 있다. (○, ✕)

2 'e-Book(전자책)'이란 무엇인가요?

3 전자책과 종이책의 주요 차이점은 무엇이며, 각각의 장단점을 비교해 적어보세요.

4 여러분이 전자책을 선택하거나 선택하지 않는 이유는 무엇이며, 그 결정에 영향을 준 요소는 무엇인가요?

5 전자책이 출판 산업과 독서 문화에 미친 영향에 대해 조사하여 적어보세요.

 6 다음 논제 '한국인의 독서율을 높이려면 종이책보다 전자책을 읽어야 한다.'에 대해 찬성과 반대의 의견을 말하고 그 근거를 적어보세요.

찬성	반대

 국어공신 선생님의 이것만은 꼭!!

기술의 발전과 편의성으로 전자책의 수요가 늘어나고 있지만 종이책의 감성은 시대와 세대를 초월하는 매력을 지니고 있습니다. 그러므로 전자책과 종이책 어느 하나를 꼭 택하기보다는 상황에 따라 유동적으로 선택해 독서율을 높이는 것이 중요합니다. 전자책으로 디지털 문화를 향유하면서 동시에 종이책의 아날로그 감성을 잊지 않는 것, 책을 사랑하는 현대인들의 의무이자 과제가 아닐까요?

과학·기술

7주 / 4일

교과 연계: 5-1 사회_2. 인권 존중과 정의로운 사회

인터넷 실명제, 실시해야 할까?

[핵심어 체크] ☐인터넷실명제 ☐익명성 ☐표현의자유 ☐사이버범죄 ☐악플

읽기 난이도 좋아요!

인터넷 실명제란 온라인상에서 실제 이름이 아닌 닉네임을 사용하면서 발생하는 여러 폐해❶를 막기 위해 익명성❷을 제한하는 정책입니다. 인터넷 실명제가 실시되면 사용자는 자신의 실명이나 주민등록번호 등 개인 정보를 제공해야만 온라인에서 댓글을 달거나 게시글을 작성하는 등 다양한 활동을 할 수 있습니다. 이러한 제도는 특히 온라인 커뮤니티와 SNS에서 발생하는 비속어 사용, 명예훼손❸, 그리고 악플❹ 등 타인에게 피해를 주는 행동을 줄이는 데 긍정적인 효과가 있는 것으로 평가됩니다. 익명성 뒤에 숨어 책임을 회피하는 행동이 줄어들고, 사용자가 자신의 행동에 대해 더 신중하게 생각하게 되기 때문입니다.

인터넷 실명제를 찬성하는 입장은 주로 사이버 범죄 예방을 근거로 들고 있습니다. 인터넷 사용자가 급증하면서 사이버 범죄로 피해를 입는 사람들도 늘어나고 있으며, 온라인상에서 비방이나 욕설, 허위 정보 유포가 자유롭게 이루어지는 이유 역시 익명성 때문입니다. 실명제를 도입하면 개인 정보가 드러나므로 말과 행동에 책임감을 가지게 되고, 익명성 뒤에 숨은 공격적이거나 무책임한 댓글 작성이 줄어듭니다. 따라서 실명제는 온라인상에서 건전한 소통 문화를 조성하고, 타인에게 피해를 주는 행동을 예방할 수 있다는 점에서 찬성 여론이 형성됩니다. 또한 사이버 폭력과 허위 정보로 인한 피해를 줄이고, 사회적 갈등을 완화하는 데도 일정한 긍정적인 역할을 할 수 있습니다.

반면 인터넷 실명제에 반대하는 입장에서는 개인정보 보호와 표현의 자유 침해를 주된 근거로 제시합니다. 실명제를 시행하면 사용자가 접속하는 인터넷 플랫폼에 대량의 개인 정보가 수집되기 때문에 해킹이나 정보 유출 등으로 외부에 노출될 위험이 높습니다. 이는 또 다른 사이버 범죄의 표적이 될 수 있다는 우려로 이어집니다. 또한 사용자의 온라인 활동이 쉽게 추적되면서 프라이버시가 침해될 수 있으며, 자유롭게 의견을 표현하는 데 제약이 생길 수 있다는 점도 문제로 지적됩니다. 익명성이 사라지면 인터넷이 지닌 개방적이고 자유로운 소통 기능이 약화될 수 있으며, 개인의 사생활과 의견이 충분히 보호받지 못할 가능성도 있습니다.

실제로 인터넷 실명제는 각 나라와 지역별로 적용 방식이 다르며, 장단점이 공존합니다. 사이버 범죄 예방과 책임 있는 인터넷 문화를 조성한다는 긍정적인 효과가 있는 반면, 개인정보 유출 위험과 표현의 자유 제한이라는 부정적인 측면도 존재합니다. 따라서 단순히 제도의 시행 여부만을 논하기보다는, 이용자 개개인이 책임감을 가지고 온라인상에서 행동하는 것이 더 중요합니다. 다양한 사람들이 함께 살아가는 사회에서 서로의 입장을 존중하고 이해하며, 인터넷 실명제의 필요성과 한계를 함께 깊이 생각해보는 것이 필요합니다. 결국 인터넷 실명제는 제도의 시행뿐만 아니라, 이용자 한 사람 한 사람의 의식과 책임감이 함께 뒷받침될 때 비로소 그 목적을 충분히 달성할 수 있는 제도라고 할 수 있습니다.

국어공신 선생님의 어휘 다지기!

❶ **폐해**: 폐단으로 생기는 해. 예시문 홍수의 폐해가 심해서 강물이 흙색으로 변했다. ❷ **익명성**: 어떤 행위를 한 사람이 누구인지 드러나지 않는 특성. 예시문 익명성과 비대면성은 인터넷이 가진 양날의 칼이다. ❸ **명예훼손**: 공공연하게 다른 사람의 사회적 평가를 떨어뜨리는 사실 또는 허위 사실을 지적하는 일. 예시문 최근에 인터넷 명예 훼손죄로 기소된 이들이 크게 늘었다. ❹ **악플**: 인터넷의 게시판 따위에 올려진 내용에 대해 악의적인 평가를 하여 쓴 댓글. 예시문 악플 세례에 용기가 꺾일까 봐 두려웠다.

비판적 사고 키워 볼까요?

1 다음 내용을 읽고 맞으면 O, 틀리면 X를 선택하세요.

① 인터넷 실명제란 온라인상에서 실제 이름이 아닌 닉네임을 사용하면서 생기는 폐해를 막기 위해 익명성을 제한하는 정책이다. (O, X)

② 인터넷 실명제를 실시하면 인터넷 사용자가 사이버 범죄의 표적이 되는 것을 완전히 막을 수 있다. (O, X)

③ 인터넷 실명제를 찬성하는 입장 측은 인터넷 실명제가 사이버 범죄를 줄일 수 있다고 말한다. (O, X)

2 '인터넷 실명제'란 무엇인가요?

3 인터넷 실명제의 도입 목적과 기대 효과는 무엇이며, 실제로 어떤 사회적 영향을 미쳤는지 적어보세요.

4 다음 단어를 넣어 문장을 만들어보세요.

★ 익명성:

★ 명예훼손:

★ 악플:

5 인터넷 실명제가 표현의 자유와 개인정보 보호 측면에서 어떤 논란을 불러일으켰는지 구체적인 사례를 들어 적어보세요.

 6 다음 논제 '인터넷 실명제를 실시해야 한다.'에 대해 찬성과 반대의 의견을 말하고 그 근거를 적어보세요.

찬성	반대

 ※ **국어공신 선생님의 이것만은 꼭!!**

사이버 범죄를 예방하고 표현의 자유를 지키기 위한 최선의 방법은 우리 모두가 책임감을 가지고 인터넷 에티켓을 지키는 것입니다. 익명성이 보장되는 온라인 환경에서도 타인을 배려하고 사실에 기반한 소통을 실천해야 합니다. 디지털 시대의 올바른 인터넷 문화는 개인의 성숙한 태도와 사회 전체의 지속적인 관심과 협력이 함께할 때 비로소 정착될 수 있습니다.

5장

환경·생물

7주 / 5일

교과 연계: 5-2 과학_1. 생물과 환경

동물 실험, 허용해도 될까?

[핵심어 체크] ☐동물실험 ☐비윤리성 ☐의학발전 ☐대체실험

읽기 난이도 좋아요!

생명을 위한 과학인가, 생명을 희생한 과학인가?

　동물 실험이란 의학이나 과학 연구를 위해 동물을 사용하여 실험을 수행하는 과정을 말합니다. 이는 새로운 의약품과 치료법의 개발, 바이러스❶나 세균에 대한 연구 등 다양한 목적을 위해 이루어지며, 쥐, 토끼, 개, 고양이 등 여러 종의 동물이 실험 대상이 됩니다. 동물 실험을 통해 우리는 질병의 원인과 치료법을 이해하고, 인류 건강을 향상시키는 데 중요한 과학적 성과를 얻을 수 있습니다. 그러나 최근 동물 복지에 대한 관심과 동물권에 대한 인식이 높아지면서, 동물 실험의 필요성과 윤리성에 대한 논란이 계속되고 있습니다. 이에 따라 찬성과 반대 양측의 주장이 첨예하게 대립하고 있습니다.

　먼저 동물 실험을 찬성하는 입장의 핵심 근거는, 동물 실험을 대체❷할 수 있는 방법이 개발되었다고는 하지만 아직까지 완전한 대체 수단은 존재하지 않는다는 점입니다. 실제로 동물 실험을 거치지 않아 부작용❸이 발생한 사례가 있으며, 이로 인해 인체에 직접 적용할 수 있는 안전성과 효과를 충분히 입증하려면 사람과 가장 유사한 동물을 대상으로 한 실험이 필요하다는 주장입니다. 또한 오랜 세월 동안 동물 실험을 통해 수많은 의학적, 과학적 성과가 축적되었으며, 이는 현대 의학 발전의 기반이 되었다고 볼 수 있습니다. 새로운 약물이나 치료법이 사람에게 적용되기 전 동물 실험을 통해 효과와 안정성을 평가하는 과정은 여전히 필수적이라는 것이 찬성론자들의 주된 입장입니다.

반면, 동물 실험을 반대하는 입장의 핵심 근거는, 동물 실험이 본질적으로 비윤리적[4]이라는 점입니다. 실험 과정에서 동물들은 신체적·정신적 고통을 겪고, 실험이 끝난 후에는 방치되거나 안락사되는 경우가 많습니다. 동물 실험 반대론자들은 이러한 점을 문제 삼으며, 생명체를 고통스럽게 다루는 실험은 정당화될 수 없다고 주장합니다. 또한 동물을 대체할 수 있는 실험 방법이 전혀 없는 것은 아니며, 최근에는 세포 실험, 컴퓨터 모델, 장기 칩 등 다양한 대체 기술이 발전하고 있어, 동물 실험을 점차 줄이거나 대체할 수 있는 가능성이 충분히 존재한다는 주장도 있습니다. 따라서 동물 실험을 무조건 허용하기보다는, 동물을 보호하고 윤리적 기준을 준수하는 범위에서 최소화해야 한다고 강조합니다.

이처럼 동물 실험과 관련해서는 찬성과 반대 양측의 의견이 계속해서 첨예하게 대립하고 있습니다. 한쪽은 과학적 발전과 인류 건강을 위해 불가피하다고 주장하고, 다른 한쪽은 윤리적 문제와 동물 권리를 강조하며 대체 방법을 적극 모색해야 한다고 말합니다. 결국 동물 실험의 허용 여부와 범위는 과학적 필요성과 윤리적 책임 사이에서 신중하게 판단해야 하며, 동물의 권리를 존중하면서도 인간의 건강과 안전을 지킬 수 있는 균형점을 찾는 것이 중요합니다. 여러분은 동물 실험, 허용해도 된다고 생각하시나요, 아니면 제한해야 한다고 보시나요? 함께 깊이 고민하고 의견을 나눠보는 것이 필요합니다.

국어공신 선생님의 어휘 다지기!

❶ 바이러스: 동물, 식물, 세균 따위의 살아 있는 세포에 기생하고, 세포 안에서만 증식이 가능한 비세포성 생물. 〔예시문〕 바이러스를 막기 위해 백신 프로그램을 설치하다. **❷ 대체**: 다른 것으로 대신함. 〔예시문〕 그는 대체 방안을 제시했다. **❸ 부작용**: 어떤 일에 부수적으로 일어나는 바람직하지 못한 일. 〔예시문〕 개발에 따른 부작용을 최소화하다. **❹ 비윤리성**: 사람으로서 마땅히 지키거나 행해야 할 도리나 규범을 지키지 않는 성질. 〔예시문〕 이 연극은 전체주의적인 관료 체제의 비윤리성과 억압적인 행태를 비판적으로 그리고 있다.

비판적 사고 키워 볼까요?

1 다음 내용을 읽고 맞으면 O, 틀리면 ×를 선택하세요.

① 동물 실험은 의학이나 과학 연구를 위해 동물을 사용하여 실험을 하는 과정을 말하며, 새로운 의약품과 치료법의 개발 또는 바이러스나 세균을 연구하는 등 다양한 목적으로 실시된다. (O, ×)

② 동물 실험을 반대하는 측의 가장 큰 이유는 동물 실험의 비윤리성 때문이다. (O, ×)

2 '동물 실험이란 무엇이며 어떠한 목적을 위해 실시'되나요?

3 동물 실험을 줄이기 위해 개인이나 사회가 실천할 수 있는 방안에는 무엇이 있을까요?

4 <보기>에서 알맞은 단어를 찾아 괄호 안에 넣어보세요.

보기   ㉠대체 ㉡바이러스 ㉢비윤리성 ㉣부작용 ㉤허용

① 살아 있는 세포에 기생하며 세포 내에서만 증식하는 비세포성 생물. (   )
② 다른 것으로 대신함. (   )
③ 어떤 일에 부수적으로 일어나는 바람직하지 못한 일. (   )
④ 사람으로서 마땅히 지키거나 행해야 할 도리나 규범을 지키지 않는 성질. (   )

214

5 동물 실험에 대한 윤리적 논란은 어떤 점에서 발생하며, 이를 해결하기 위한 대안에는 무엇이 있는지 적어보세요.

[생각 넓히기]

6 다음 논제 '동물 실험을 허용해도 된다.'에 대해 찬성과 반대의 의견을 말하고 그 근거를 적어보세요.

[논리력 키우기]

찬성	반대

※ 국어공신 선생님의 이것만은 꼭!!

한 걸음 더 깊이

오랜 세월 동물 실험은 의학과 과학의 발전에 크게 기여해왔지만, 동물 복지와 윤리적 문제로 인해 찬반 논쟁은 여전히 뜨겁습니다. 최근 동물권에 대한 인식이 높아지면서 관련 법을 강화하고, 동물 실험을 최소화하려는 움직임이 활발해지고 있습니다. 이에 따라 동물 실험을 대체할 수 있는 윤리적이고 효과적인 방법을 마련하기 위한 전문가들의 지속적인 논의와 연구가 필요합니다.

환경·생물

7주 / 6일

교과 연계: 5-2 과학_2. 날씨와 우리 생활
6-2 도덕_6. 함께 살아가는 지구촌

기후 위기, 이대로 괜찮을까?

[핵심어 체크] □기후위기 □지구온난화 □이산화탄소 □기후 난민

여러분은 '지구 온난화'라는 말을 들어본 적이 있나요? 지구 온난화란 인간 활동으로 인한 환경 파괴로 인해 지구의 평균 온도가 점점 상승하고, 그 결과 우리가 살아왔던 생활환경이 크게 변화하는 현상을 말합니다. 단순히 날씨가 더워지는 것이 아니라, 동물과 인간 모두의 생존을 위협하는 심각한 문제입니다.

먼저 지구 온난화가 동물에게 미치는 영향을 살펴봅시다. 대표적인 사례가 북극곰입니다. 북극 지역은 빙하❶가 넓게 펼쳐진 곳으로, 북극곰에게는 주요 서식❷지이자 사냥터입니다. 그러나 지구 온난화로 인해 빙하가 빠르게 녹으면서 북극곰들이 쉴 곳과 먹이를 찾는 공간이 점점 사라지고 있습니다. 사냥할 수 있는 기회가 줄어들고 먹잇감이 감소하자 많은 북극곰들이 굶주리거나 먼 거리를 이동하다 지쳐 목숨을 잃고 있습니다. 이는 지구 온난화가 생태계 균형을 무너뜨리는 대표적인 예입니다.

지구 온난화는 인간에게도 직접적인 위험을 줍니다. 기온이 높아질수록 모기와 같은 곤충이 더 넓은 지역에서 번식하게 되는데, 이들은 질병을 옮기는 주요 매개체입니다. 예를 들어, 말라리아와 뎅기열과 같은 질병은 고온 지역에서 서식하는 모기가 퍼뜨립니다. 전문가들은 지구 온도가 현재보다 평균 2℃만 더 상승해도 이러한 질병의 감염자가 크게 늘어날 것이라고 경고하고 있습니다. 즉, 지구 온난화는 단순히 불편함을 넘어 인류의 건강과 생명을 위협하는 문제입니다.

또한 지구 온난화로 인해 남극의 빙하가 녹으면서 해수면❸이 점점 상승하고 있습니다. 해수면이 높아지면 어떤 일이 일어날까요? 바로 바닷물이 해안 지역과 섬을 침식해 사람이 사는 땅이 줄어들게 됩니다. 실제로 남태평양의 작은 섬나라 투발루는 해수면 상승으로 국토가 점점 잠기고 있으며, 주민들이 다른 나라로 이주❹하는 사례가 늘어나고 있습니다. 이러한 사람들을 '기후난민❺'이라고 부릅니다. 투발루뿐만 아니라 주변 섬들과 하와이, 그리고 우리나라의 제주도, 울릉도, 독도 같은 화산섬도 해수면 상승의 위협을 받고 있습니다. 이는 더 이상 남의 나라 이야기가 아니라는 뜻입니다.

그렇다면 지구 온난화의 가장 큰 원인은 무엇일까요? 핵심은 바로 이산화탄소입니다. 석탄과 석유 같은 화석 연료를 태우며 대량의 이산화탄소가 배출되었고, 이 기체는 대기 중에 쌓여 지구의 열을 빠져나가지 못하게 만드는 '온실 효과'를 일으킵니다. 이산화탄소가 늘어날수록 지구의 온도는 계속 올라갈 수밖에 없습니다.

따라서 지구 온난화를 막기 위해서는 이산화탄소 배출량을 줄이는 것이 가장 중요합니다. 이를 위해 에너지를 절약하고, 친환경 에너지를 사용하는 방식으로 생활 방식을 바꿀 필요가 있습니다. 대중교통 이용하기, 일회용품 줄이기, 재활용 하기, 전기 아껴 쓰기, 나무 심기 등 우리가 할 수 있는 작은 실천이 모여 큰 변화를 만들 수 있습니다. 지구는 우리가 함께 지켜야 할 소중한 삶의 터전입니다. 지구 온난화를 막기 위한 첫걸음, 함께 시작해 봅시다.

국어공신 선생님의 어휘 다지기!

❶ **빙하:** 수백 수천 년 동안 쌓인 눈이 얼음덩어리로 변한 것. 예시문 표면층이 빙하로 덮이다. ❷ **서식:** 생물 따위가 일정한 곳에 자리를 잡고 삶. 예시문 희귀 동물의 서식을 확인하다. ❸ **해수면:** 바닷물의 표면. 예시문 이곳은 육지면이 해수면보다 낮다. ❹ **이주:** 개인이나 집단이 원래 살던 곳을 떠나 다른 지역으로 옮겨 정착하는 것. 예시문 신도시에 이주한 지 3년이 되었다. ❺ **기후난민:** 지구 온난화로 인한 가뭄, 홍수, 지진해일 등 기후 변화로 어려움을 겪는 사람들. 예시문 기온 상승은 지구촌 곳곳에서 기후 난민을 양산하며 국제적 갈등을 일으킨다.

비판적 사고 키워 볼까요?

1 다음 내용을 읽고 맞으면 O, 틀리면 X를 선택하세요.

① 지구 온난화는 환경 파괴로 인해 지구의 온도가 상승하는 현상이다. (O, X)
② 지구 온난화의 주된 원인은 이산화탄소이다. (O, X)
③ 지구 온난화가 계속되면 말라리아의 원인인 모기가 서식하기 어려워진다. (O, X)
④ 이산화탄소 배출을 줄이기 위해서는 화석 연료의 사용을 줄여야 한다. (O, X)

2 '지구 온난화'란 무엇인가요?

3 지문에 제시된 방법 외에 '지구 온난화를 막기 위한 방법'에는 어떤 것이 있을까요?

4 다음 단어를 넣어 문장을 만들어보세요.

* 빙하:

* 해수면:

* 기후난민:

5 기후난민이란 무엇이며, 어떤 환경적 요인으로 인해 발생하나요?

생각 넓히기

6 다음 논제 '화석 에너지를 재생 에너지로 대체해야 한다.'에 대해 찬성과 반대의 의견을 말하고 그 근거를 적어보세요.

아주 중요한 문제야!

논리력 키우기

찬성	반대

 국어공신 선생님의 이것만은 꼭!!

한 걸음 더 깊이

지문에서 본 것처럼 지구 온난화의 가장 큰 원인은 이산화탄소입니다. 이를 줄이기 위해서는 이산화탄소를 많이 배출하는 에너지 사용 방식과 산업 구조를 바꾸어야 합니다. 태양열·풍력·수소·해양 에너지 같은 신재생 에너지를 적극 개발해 활용하고, 일회용품 사용을 줄이며 자가용 대신 대중교통을 이용하는 등 개인의 실천도 필요합니다. 작은 노력이라도 꾸준히 이어 갈 때 지구를 지킬 수 있습니다.

교과 연계: 5-2 과학_2. 날씨와 우리 생활
6-2 도덕_6. 함께 살아가는 지구촌

업사이클링, 재활용을 넘어 가치 있는 상품과 문화로

[핵심어 체크] □업사이클링 □리사이클링 □친환경

업사이클링(Upcycling)은 '개선하다'라는 의미의 '업그레이드(Upgrade)'와 '재활용(Recycling)'이 결합된 말로, 우리말로는 '새활용'이라고 부릅니다. 말 그대로 단순히 쓰레기를 다시 사용하는 재활용을 넘어, 쓸모가 없어 버려지는 물건에 새로운 아이디어와 디자인을 더해 더 높은 가치의 제품으로 재탄생시키는 활동을 의미합니다. 즉, 폐기물에 새로운 생명을 부여하고, 환경 보호와 창의적 생산을 동시에 이루는 지속 가능한 방식입니다.

대표적인 업사이클링 제품으로는 재활용 의류를 활용하여 만든 옷이나 가방, 버려진 현수막과 튜브, 트럭 덮개, 오래된 우산 등을 재료로 제작한 장바구니, 카드 지갑과 같은 패션 잡화❶를 들 수 있습니다. 이런 제품들은 독특한 소재와 디자인을 통해 소비자들에게 특별한 가치를 제공하고 있으며, 동시에 환경을 보호할 수 있어 친환경❷ 소비 트렌드와 맞물려 큰 관심을 받고 있습니다.

업사이클링, 버려진 것에 새 숨을 불어넣다!

최근 업사이클링은 패션 시장을 넘어 보다 다양한 분야로 확장되고 있습니다. 특히 '공간 업사이클링'이 주목받고 있는데, 버려진 공장이나 창고, 컨테이너 등을 리모델링해 카페, 갤러리, 소품숍 등 독창적인 공간으로 활용하는 사례가 늘어나고 있습니다. 낡고 오래된 공간의 흔적을 그대로 살리면서 새로운

용도로 재탄생시키는 방식은 단순한 효율성을 넘어서 문화적 감성과 미적 가치를 창출한다는 점에서 높은 평가를 받고 있습니다. 이러한 공간 업사이클링은 도시 재생과 지역 활성화❸의 한 방식으로도 자리잡았습니다.

　해외에서는 업사이클링이 1990년대부터 환경·디자인 산업의 중요한 분야로 주목받으며 성장해 왔습니다. 특히 유럽과 미국에서는 환경 보호와 창조적 소비문화의 확산과 함께 다양한 업사이클링 브랜드가 생겨났고, 이들이 국제적인 영향력을 발휘하고 있습니다. 반면 한국에서는 2006년경 '업사이클링'이라는 용어가 본격적으로 등장했습니다. 이후 환경 의식이 높아지고 친환경 소비문화가 확산되면서 국내에서도 업사이클링 시장이 성장하고, 관련 브랜드와 예술가, 사회적 기업이 꾸준히 등장하고 있습니다.

　업사이클링의 가장 큰 장점은 환경 보호와 경제적 가치 창출을 동시에 실현할 수 있다는 점입니다. 버려지는 자원을 재활용해 새로운 상품을 만드는 과정에서 쓰레기 배출을 줄이고, 자원 낭비를 막을 수 있습니다. 동시에 독창적❹인 디자인과 창의적인 아이디어가 결합되면 새로운 시장과 고용을 창출할 수 있어 지속 가능한 산업 발전에도 기여합니다.

　결국 업사이클링은 단순한 자원 절약이 아니라, 환경과 경제, 그리고 문화가 함께 어우러지는 미래 지향적❺ 활동입니다. 우리가 일상에서 업사이클링 제품을 선택하고 소비하는 작은 실천은 환경 보호에 중요한 역할을 할 수 있습니다. 깨끗한 지구와 지속 가능한 미래를 위해, 지금부터 업사이클링 제품을 사용하고 응원해보는 것은 어떨까요? 작은 선택 하나가 지구의 미래를 바꾸는 시작이 될 수도 있습니다.

국어공신 선생님의 어휘 다지기!

❶ **잡화:** 일상생활에서 쓰는 잡다한 물품. 　예시문　그는 시장에서 신발, 가방, 벨트 같은 잡화를 판다.
❷ **친환경:** 자연환경을 오염하지 않고 자연 그대로의 환경과 잘 어울리는 일. 　예시문　오리나 우렁이를 이용하는 친환경 농법을 적극 채택해야 한다. ❸ **활성화:** 사회나 조직 등의 기능이 활발함. 　예시문　장 기능의 활성화는 신진대사를 원활하게 한다. ❹ **독창적:** 다른 것을 모방함이 없이 새로운 것을 처음으로 만들어 내거나 생각해 내는 것. 　예시문　우리나라는 외래의 문화를 독창적으로 발전시켰다. ❺ **지향적:** 어떤 목표나 목적을 향하여 나아가는 것. 　예시문　그 사람의 기호는 상당히 미래 지향적이다.

비판적 사고 키워 볼까요?

1 다음 내용을 읽고 맞으면 O, 틀리면 X를 선택하세요.

① 업사이클링(Upcycling)은 '업그레이드(Upgrade)'와 '리사이클링(Recycling)'이 결합된 단어이다. (O, X)
② 업사이클링은 리사이클링(재활용)과 같은 말이다. (O, X)
③ 업사이클링 제품에는 옷, 지갑, 가방 등 패션 잡화가 많다. (O, X)
④ 업사이클링 제품을 만들면 환경오염을 줄일 수 있다. (O, X)

2 '업사이클링(Upcycling)'이란 무엇인가요?

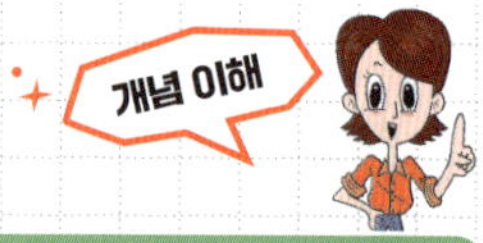

3 '업사이클링 제품'에는 무엇이 있나요?

4 다음 단어를 넣어 문장을 만들어보세요.

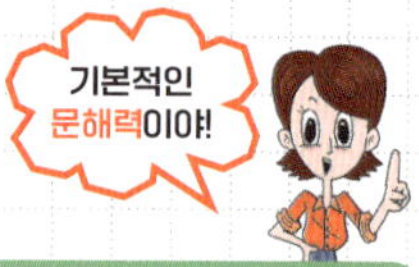

* 친환경:
* 활성화:
* 지향적:

5 '재활용과 업사이클링의 차이점'은 무엇인가요?

생각
넓히기

6 다음 논제 '업사이클링은 환경 보호에 실질적인 도움이 되는가?'에 대해 찬성과 반대의 의견을 말하고 그 근거를 적어보세요.

논리력
키우기

찬성	반대

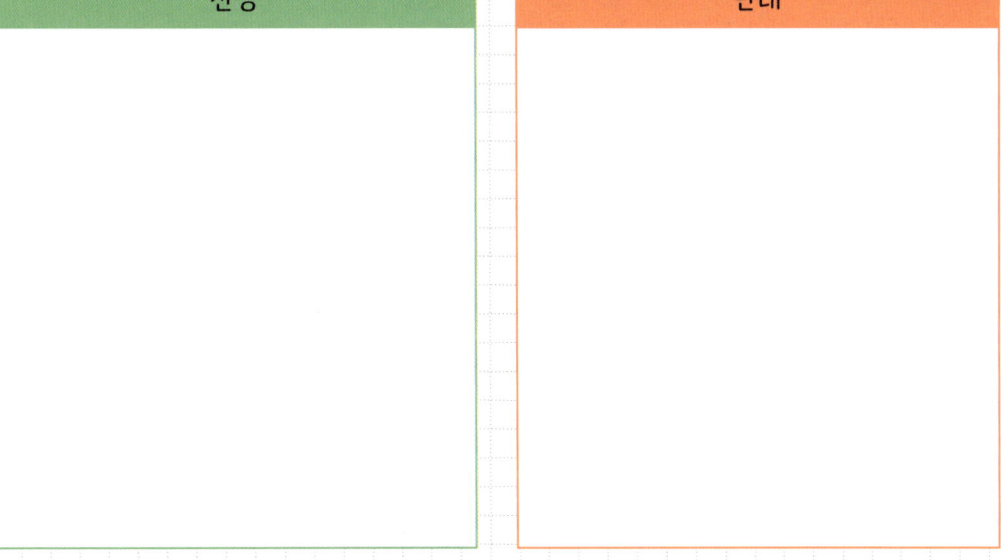

※ 국어공신 선생님의 **이것만은 꼭!!**

업사이클링(Upcycling)의 개념은 1994년 10월 독일의 산업 디자이너 라이너 필츠에 의해 처음 소개됐습니다. 그는 잘보 뉴스(Salvo News)에서 리사이클링은 다운사이클링(Downcycling)이며, 진정한 환경을 위해서는 리사이클링보다 한 차원 높은 업사이클링이 필요하다고 주장했습니다.

8주 / 1일 　환경·생물

교과 연계: 5-2 과학_2. 날씨와 우리 생활
6-2 도덕_6. 함께 살아가는 지구촌

매장 내 일회용품 사용 규제, 필요할까?

읽기 난이도 좋아요!

[핵심어 체크] ☐일회용품규제 ☐환경보호 ☐미세플라스틱

매장 안의 작은 선택이 환경 문제의 큰 변화를 만듭니다.

　환경부는 2022년 11월 24일부터 카페나 음식점 등 식품접객업소에서 각종 일회용품 사용을 금지하는 정책을 시행했습니다. 이에 따라 매장 안에서 음료나 음식을 먹을 경우 종이컵, 플라스틱 컵, 일회용 수저 등을 사용할 수 없게 되었고, 위반 시 과태료❶가 부과되었습니다. 이 정책은 플라스틱 쓰레기를 줄이고 환경을 보호하기 위한 조치였습니다. 그러나 최근 들어 정부는 일회용품 규제를 일부 완화❷하여, 2025년 기준으로는 매장 내에서도 종이컵이 다시 제공되는 경우가 늘고 있습니다. 이전에는 테이크아웃❸이 아닌 이상 일회용컵 사용이 금지되었지만, 지금은 같은 매장에서 음료를 받아도 종이컵을 받는 일이 흔해졌습니다. 그렇다면 매장 내 일회용품 규제는 여전히 필요한 정책일까요?

　우선, 일회용품 규제를 찬성하는 입장에서 가장 중요한 논거는 환경 보호입니다. 지구 온난화, 기후 위기, 미세 플라스틱 문제 등 환경 문제는 이미 전 세계적 과제로 떠올랐으며, 일회용품 사용을 줄이는 것은 이러한 위기를 늦출 수 있는 쉽고 효과적인 방법입니다. 또한 일회용 플라스틱이나 종이컵에 뜨거운 음료를 담을 경우, 미세 플라스틱이나 유해 화학물질이 용출될 수 있다는 연구 결과도 있습니다. 즉, 일회용품 사용을 줄이는 것은 자연 환경뿐 아니라 국민

건강을 지키는 데도 중요한 조치라는 것입니다. 작은 실천이라도 모두가 참여한다면 환경 보호 효과는 더욱 커질 것이라는 주장입니다.

반면, 일회용품 규제에 반대하는 입장에서는 현실적 어려움을 우려합니다. 특히 카페나 음식점을 운영하는 자영업자들은 다회용 컵을 세척하고 관리해야 하므로 인력과 시간이 더 필요해집니다. 매장이 바쁠 때는 설거지로 인해 주문이 밀리고, 이를 해결하기 위해 직원을 추가로 고용하면 인건비❹가 늘어 경영 부담이 커진다는 것입니다. 또한 손님들 입장에서도 불편을 느낄 수 있습니다. 예를 들어, 매장에서 음료를 마시다가 갑자기 외출해야 할 상황이 생기면 다회용 컵을 일회용 컵으로 다시 옮겨 담아야 하는 번거로움이 있습니다. 위생 문제를 이유로 일회용품을 선호하는 소비자들도 있어, 규제가 오히려 손님 불만을 초래할 수 있다는 입장입니다.

이처럼 매장 내 일회용품 사용에 대한 규제는 환경 보호와 경제적 현실, 소비자 편의와 건강 문제 등 다양한 요소가 복합적으로 얽혀 있습니다. 환경을 지키는 것은 분명 중요하지만, 규제가 지나치게 강하면 경제 활동을 어렵게 하고 소비자 선택권을 제한할 수 있는 것이 사실입니다. 따라서 일회용품 정책은 전면 금지나 완전 허용이라는 극단적인 방향보다는 상황에 맞는 균형 있는 접근이 필요합니다. 예를 들어, 친환경 소재 일회용품 사용 확대, 재활용 시스템 강화, 다회용 용기 보증금 제도 개선 등 다양한 보완책이 함께 이루어진다면 규제❺ 효과를 높이면서도 부담을 줄일 수 있을 것입니다. 일회용품 문제는 단순히 규제 여부를 넘어서, 우리가 어떤 방식으로 환경과 경제를 함께 고려할 것인지 생각해야 할 중요한 과제입니다.

국어공신 선생님의 어휘 다지기!

❶ **과태료:** 공법상 의무를 지키지 않았을 때 부과하는 돈으로, 형벌이 아닌 행정 제재금이다. 예시문 경미한 죄를 범한 사람에게 과태료를 부과하다. ❷ **완화:** 긴장된 상태나 급박한 것을 느슨하게 함. 예시문 남북 간의 긴장을 완화하다. ❸ **테이크아웃:** 식당 내에서 음식물을 먹지 않고 포장하여 가지고 가는 일. 예시문 테이크아웃 커피 전문점이 우후죽순처럼 생겨났다. ❹ **인건비:** 사람을 부리는 데에 드는 비용. 예시문 공장을 기계화하면서 인건비를 대폭 줄일 수 있었다. ❺ **규제:** 규칙으로 정함. 또는 그 정하여 놓은 것. 예시문 수입에 대한 규제를 풀다.

비판적 사고 키워 볼까요?

1 윗글의 내용과 일치하지 않는 것은?

① 카페나 음식점 등의 매장 내 일회용품 사용 규제가 강화되고 있다.
② 일회용품 대신 다회용품을 사용하면 환경오염을 줄일 수 있다.
③ 매장 내 일회용품 사용을 규제하면 인건비가 늘어날 수 있다.
④ 일회용품 사용 규제를 완화하면 국민들이 발암물질에 노출될 위험이 있다.
⑤ 매장 내 일회용품 사용 규제를 강화하면 업주들의 부담이 늘어날 수 있다.

2 '매장 내 일회용품 사용 규제 정책'이란 무엇인가요?

3 '일회용품 규제를 찬성하는 입장의 근거와 반대하는 근거'는 무엇인가요?

4 일회용품을 대체할 수 있는 친환경 제품이나 기술에는 어떤 것이 있나요?

5 일회용품 사용을 줄이기 위한 기업의 역할에는 어떤 것이 있을까요?

 6 다음 논제 '일회용품 사용을 규제해야 한다.'에 대해 찬성과 반대의 의견을 말하고 그 근거를 적어보세요.

찬성	반대

 국어공신 선생님의 이것만은 꼭!!

일회용품은 이제 우리 일상에서 없어서는 안 될, 바쁜 현대인에게 매우 편리한 제품입니다. 하지만 멀리 보고 환경을 생각한다면 일상의 불편함을 조금 감수하더라도 일회용품 사용을 줄여야 합니다. 일회용품 사용을 스스로 줄여 나가는 것은 환경오염으로 심각한 지구 위기 상황에서 우리가 실천할 수 있는 현실적인 최선의 방법 아닐까요?

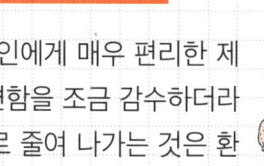

8주 / 2일

교과 연계: 5-1 사회_1. 국토와 우리생활
6-2 사회_2. 통일 한국의 미래와 지구촌의 평화

그린벨트, 유지해야 할까?

[핵심어 체크] ☐그린벨트 ☐개발제한구역 ☐환경보호 ☐경제발전

그린벨트는 자연이 내민 마지막 숨구멍입니다!

읽기 난이도 좋아요!

기후 위기가 심화되는 현대 사회에서 자연 환경을 보호하고 쾌적한 생활 환경을 보존❶하는 일은 매우 중요한 과제가 되었습니다. 산업 발전과 도시 확장으로 인해 숲이 사라지고 오염이 심각해지면서, 환경 보전의 필요성은 더욱 커지고 있습니다. 이러한 상황 속에서 국가는 무분별한 개발을 막기 위한 다양한 환경 정책을 강화하고 있으며, 그중 대표적인 정책의 일환❷이 바로 개발제한구역을 설정하는 '그린벨트(greenbelt)' 제도입니다.

그린벨트는 1950년대 영국에서 처음 도입된 정책으로, 도시의 비대해짐을 방지하고 자연 환경을 보전하기 위해 도시 외곽에 넓은 녹지대를 설정하는 제도입니다. 우리나라에서는 1971년에 처음 시행된 이후 주요 도시를 중심으로 점차 확대되었습니다. 그린벨트의 목적은 도시 주변의 개발을 제한하여 무분별한 도시 확장을 방지하고, 산림과 녹지를 유지함으로써 대기 질을 개선하고 열섬 현상을 완화하는 데 있습니다. 또한 시민들이 휴식하고 건강한 생활을 누릴 수 있는 자연 공간을 제공한다는 점에서 많은 사람들이 그린벨트 정책에 찬성하고 있습니다. 환경을 보호하고 지속 가능한 도시를 만들기 위한 중요한 장치라고 보는 것입니다.

그러나 그린벨트 제도에는 단점 또한 존재합니다. 가장 큰 문제는 주택 공급 부족과 이에 따른 집값 상승입니다. 개발이 제한되면 새로운 주거 시설을 확보하기 어려워지고, 이는 곧 도시 내 부동산 가격 상승으로 이어집니다. 최근 주택 문제에 대한 국민적 관심이 증가하면서 그린벨트 해제❸를 요구하는 목소리도 커지고 있습니다. 또한 산업 단지나 기업 시설을 위한 부지를 확보하기 어려워 지역 경제 발전이 늦어질 수 있다는 우려도 제기됩니다. 경제 활동이 제한되면 지역 일자리 창출에도 영향을 미칠 수 있습니다.

그뿐만 아니라 그린벨트를 유지하고 관리하는 데 필요한 비용 역시 정부와 지방자치단체에 큰 부담이 됩니다. 넓은 녹지를 지속적으로 관리하고 감시해야 하며, 불법 개발을 방지하기 위한 행정 비용도 발생합니다. 이러한 비용은 결국 국민 세금으로 충당되기 때문에 재정❹ 부담 증가라는 문제로 이어질 수 있습니다. 따라서 환경을 보호하는 제도임에도 불구하고 경제적 부담을 고려해야 한다는 의견이 나오는 것입니다.

결국 그린벨트 정책은 환경 보호와 경제 발전이라는 두 가지 중요한 가치가 충돌하는 지점에 놓여 있습니다. 환경을 지키는 것은 미래 세대를 위한 필수적인 과제이지만, 현재의 주거 문제와 경제 성장 역시 무시할 수 없습니다. 따라서 무조건적으로 그린벨트를 유지하거나 반대로 모든 구역을 해제하는 방식보다는, 보호 가치가 높은 지역은 엄격히 보전하고 상대적으로 영향이 적은 지역은 제한적 개발을 허용하는 등 균형 잡힌 접근이 필요합니다. 앞으로도 지속적인 사회적 논의와 연구를 통해 환경과 경제가 함께 발전할 수 있는 방향을 모색해야 할 것입니다.

이처럼 그린벨트 제도는 우리 사회가 직면한 환경 문제와 경제 문제를 동시에 고려해야 하는 중요한 과제입니다. 지속 가능한 미래를 위해 어떤 선택이 더 나은지 고민하고, 합리적인 해결책을 마련하는 지혜가 요구됩니다.

국어공신 선생님의 어휘 다지기!

❶ **보전:** 온전하게 보호하여 유지함. 예시문 생태계 보전에 힘쓰다. ❷ **일환:** 서로 밀접한 관계로 연결되어 있는 여러 것 가운데 한 부분. 예시문 고속 도로 건설은 국토 개발의 일환이다. ❸ **해제:** 묶인 것이나 행동에 제약을 가하는 법령 따위를 풀어 자유롭게 함. 예시문 정부는 그린벨트 해제를 통한 서울 주택 공급을 언급했다. ❹ **재정:** 국가나 지방 자치 단체가 공공 정책 실행을 위해 자금을 마련하고 사용하는 경제 활동. 예시문 요즘 우리 회사는 재정 상태가 좋지 않다.

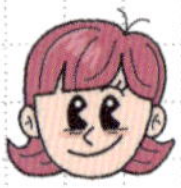

비판적 사고 키워 볼까요?

1 다음 내용을 읽고 맞으면 ○, 틀리면 ×를 선택하세요.

꼼꼼히 읽기

① 그린벨트는 환경을 보호하기 위해 특정 구역의 개발을 제한하는 것이다. (○, ×)

② 그린벨트는 1950년대에 영국에서 처음 시작된 제도로, 우리나라에서는 1971년에 도입된 이후로 지속적으로 확대되어 왔다. (○, ×)

③ 그린벨트를 설정하면 주택 공급 문제를 완화하고 집값을 안정화할 수 있다. (○, ×)

④ 주민들이 보다 쾌적한 환경에서 살기 위해서는 그린벨트를 설정해야 한다. (○, ×)

2 '그린벨트(greenbelt)'란 무엇인가요?

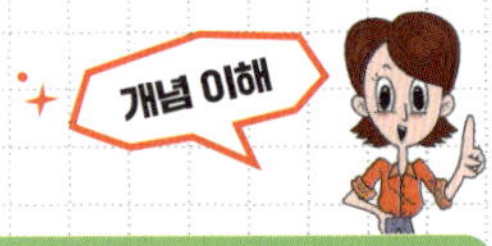

이해력 넓히기

3 그린벨트는 환경 보전에 어떠한 기여를 하고 있나요?

이해력 넓히기

4 우리나라에 그린벨트 제도가 도입된 시기와 배경에 대해 적어보세요.

어휘 익히기

5 환경 보호와 경제 개발 사이의 균형을 맞추기 위한 방안에는 어떤 것이 있을까요?

[생각 넓히기]

6 다음 논제 '그린벨트를 설정해야 한다.'에 대해 찬성과 반대의 의견을 말하고 그 근거를 적어보세요.

[논리력 키우기]

아주 중요한 문제야!

찬성	반대

✱ 국어공신 선생님의 이것만은 꼭!!

한 걸음 더 깊이

정부가 최근 서울 서초구 등 수도권 네 곳의 그린벨트를 해제하기로 했습니다. 이는 집값 안정과 주택 공급 확대를 위한 결정입니다. 그러나 그린벨트 해제로는 집값 문제를 해결하기 어렵고, 기후 위기 시대에 녹지를 줄이는 것은 시대 흐름에 맞지 않는다는 비판이 나옵니다. 국토 개발과 환경 보전을 균형 있게 고려한 신중한 논의가 필요합니다.

문해력,어휘력, 논리력을
키우는 초등 신문 읽기

열려라! 초등 문해력 논술의 힘

1판 1쇄 발행 2025년 12월 17일

지은이	엄인정, 신영서
감수	김슬옹
펴낸이	애슐리
편집	이아린
디자인 및 그린이	신병근
발행처	가로책길
주소	서울시 중구 퇴계로 409
등록	제 2021-000097호
e-mail	garobook@naver.com
ISBN	979-11-93419-07-6(73700)

* 이 책은 저작권법에 따라 보호되는 저작물이므로 무단 전재와 복제를 금합니다.
* 책값은 뒤표지에 있습니다.

※ 해설지가 필요하신 분은 이메일(garobook@naver.com)로 요청해 주시길 바랍니다. 또는 온라인 서점 독후 활동지 코너에 해설지를 올려 놓았습니다. 다운로드하셔서 학습 활동에 참고하셔도 좋습니다.

가로책길 출판사는 독자 여러분의 의견에 항상 정성껏 귀를 기울이고 있습니다. 책을 출간하고 싶은 아이디어가 있으신 분은 언제든지 이메일(garobook@naver.com)로 보내주세요. 잠재된 생각을 가지고 있는 분은 망설이지 말고 출간 문의에 도전하시길 바랍니다.